처음 만나는

받아쓰기 콕콕 띄어쓰기 쏙쏙

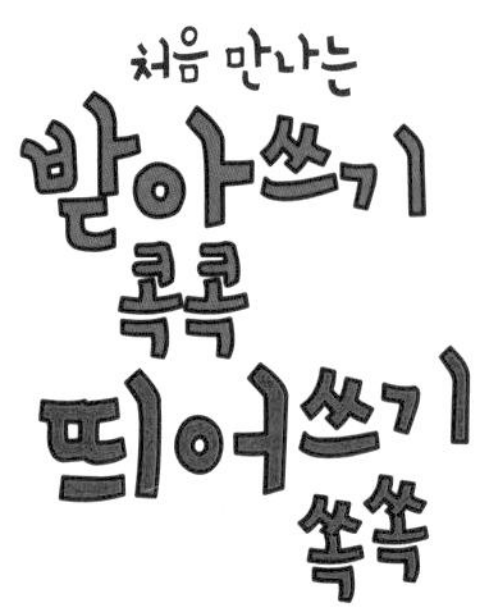

초판 인쇄일 2017년 9월 18일
초판 발행일 2017년 9월 25일
3쇄 발행일 2021년 8월 3일

지은이 가나다 연구소
발행인 박정모
등록번호 제9-295호
발행처 도서출판 혜지원
주소 (10881) 경기도 파주시 회동길 445-4(문발동 638) 302호
전화 031) 955-9221~5 팩스 031) 955-9220
홈페이지 www.hyejiwon.co.kr

기획 · 진행 엄진영, 박혜지
디자인 김희진
영업마케팅 김남권, 황대일, 서지영
ISBN 978-89-8379-946-3
정가 11,000원

혜지원

맞춤법과 띄어쓰기는 왜 중요하죠?

우리는 음식을 담을 때 그릇을 사용해요. 우리의 생각을 담으려면 무엇이 필요할까요? 바로 말과 글이지요. 그런데 생각을 말과 글에 잘 담으려면 꼭 배워야 하는 것이 있어요. 바로 맞춤법과 띄어쓰기랍니다. 그렇다면 맞춤법과 띄어쓰기를 왜 배워야 할까요? 그건 우리가 말을 하거나 글을 쓸 때 당연히 지켜야하는 약속이기 때문이에요.

깜박이가 친구와 만나서 놀려고 약속을 했어요. 만날 시간과 장소를 정했는데 깜박하고 엉뚱한 시간에 가거나, 전혀 다른 장소로 가면 친구를 만날 수 있을까요? 당연히 만날 수 없어요. 그리고 친구는 왜 약속을 지키지 않았냐면서 화를 낼 거예요.

친구와의 약속처럼 맞춤법과 띄어쓰기도 말을 하거나 글을 쓸 때 지켜야하는 약속이에요. 제대로 지키지 않으면 엉뚱한 말이나 글이 된답니다. 그러면 다른 사람이 친구들의 말을 제대로 이해하지 못하게 돼요.

만약 우리나라의 모든 사람이 맞춤법과 띄어쓰기를 배우지 않고 자기 마음대로 말을 하거나 글을 쓰면 어떻게 될까요? 서로 말을 이해하지 못하게 되고, 책도 제대로 읽을 수 없게 될 거예요. 그러니 꼭 지켜야겠지요?

물론 헷갈릴 때도 있고 어렵다고 느낄 때도 있을 거예요. 그러니까 기초부터 차근차근 익혀야 한답니다. 하나씩 배워가다 보면 조금씩 잘 알게 되고 어느새 우리말과 우리글 박사가 된 자신을 만날 수 있을 거예요. 그리고 다양한 단어들을 쓰면서 어휘력까지 늘어나니 더 좋겠지요? 그럼 이제부터 재미있는 받아쓰기와 띄어쓰기 공부를 시작해 봐요.

가나다 연구소

교재,
이렇게 활용해요!

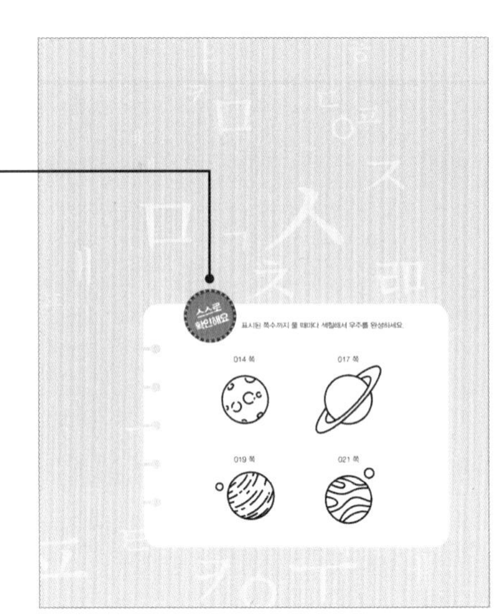

스스로 확인해요

스스로 어디까지 공부할지 계획을 세우고,
공부를 한 만큼 예쁘게 색칠합니다. 각 파트가 끝나면
예쁜 그림이 완성됩니다.

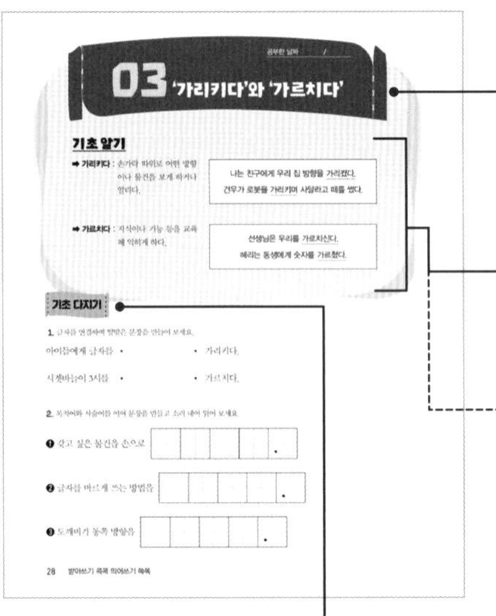

제목

제목을 보고 무엇을 공부할지 미리 생각하다보면 유추하는 힘이 길러집니다.

기초 알기

맞춤법과 띄어쓰기의 기초가 되는 이론을 읽으면서 원리를 이해합니다.

헷갈리기 쉬운 우리말

헷갈리는 어휘들을 확실하게 배우면서 맞춤법도 익히고 어휘력도 키웁니다.

기초 다지기

기초 알기에서 배운 내용을 토대로 문제로 풀어봅니다.
이를 통해 제대로 이해했는지 확인합니다.

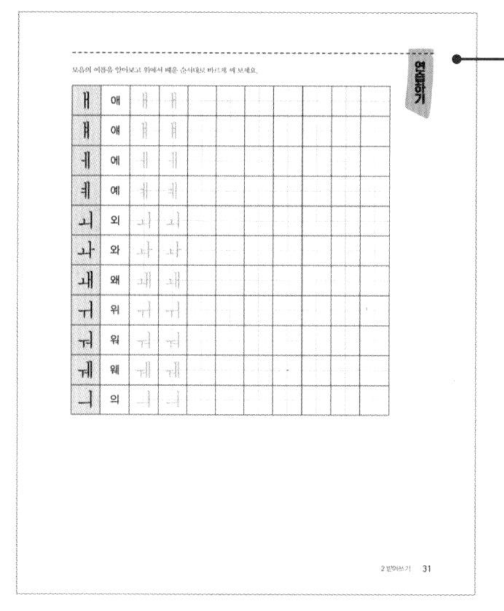

연습하기

실전 문제를 풀면서 위에서 배운 기초 원리에 대한 이해력을 한층 높입니다. 또한, 원리를 실제 생활에 적용하는 힘을 기릅니다.

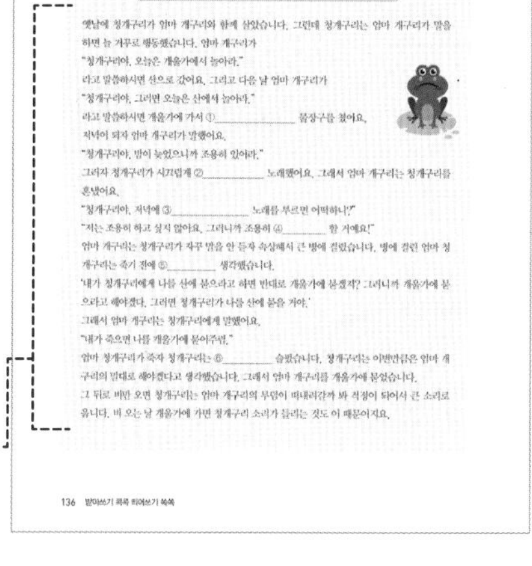

확실하게 익히기

바른 글씨로 배운 내용들을 정리하면서 확실하게 자신의 것으로 만듭니다.

전래동화로 알아보는 띄어쓰기

재미있는 전래동화를 읽으면서 띄어쓰기도 배우고 독해력도 키웁니다.

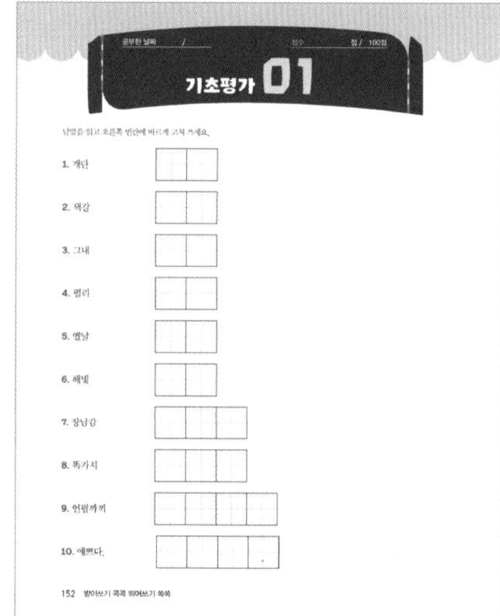

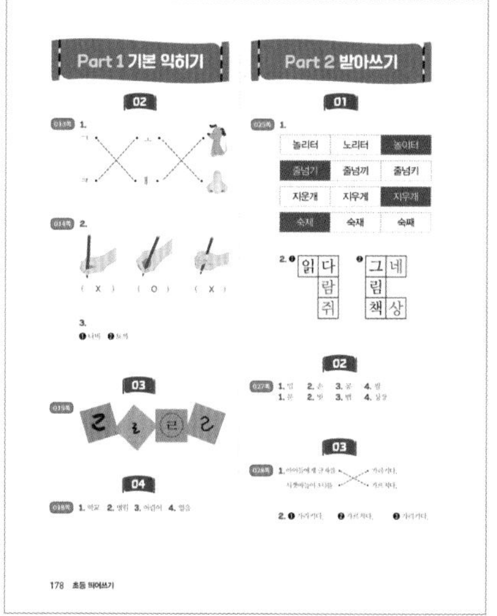

기초평가 / 총평가

기초평가와 **총평가**를 풀면서 지금까지 교재에서 배웠던 모든 내용을 다시 정리하고 확실하게 익힙니다.

정답 살펴보기

스스로 정답을 확인하고 체크하면서 공부 습관을 기릅니다.

목차

Part 1
기본 익히기

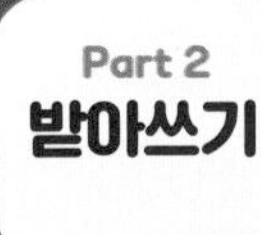

Part 4
정리하기

Part 5
정답 살펴보기

Part 1
기본 익히기

표시된 쪽수까지 풀 때마다 색칠해서 우주를 완성하세요.

014 쪽

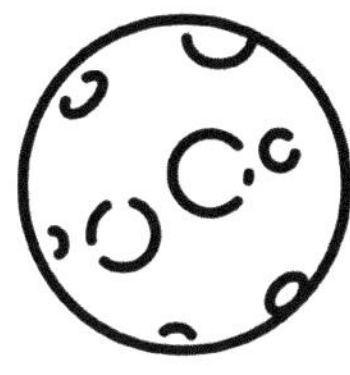

017 쪽

019 쪽

021 쪽

공부한 날짜 /

01 연필은 어떻게 잡아야 할까요?

기초 알기

연필을 바르게 잡아야 글씨를 바르게 쓸 수 있어요. 연필을 잘못 잡으면 글씨가 삐뚤어진답니다. 다음 그림과 설명을 보고 연필을 바르게 잡아보세요.

① 첫째 손가락과 둘째 손가락의 모양을 둥글게 하여 연필을 잡습니다.
② 연필을 너무 세우거나 눕히지 않습니다.
③ 가운뎃손가락으로 연필을 받칩니다.
④ 연필을 잡을 때 힘을 너무 주면 안 돼요.

기초 다지기

연필을 바르게 잡고 내 이름과 가족의 이름을 써 보세요.

공부한 날짜 /

02 자음자와 모음자를 알아봐요.

기초 알기

우리말에는 자음자와 모음자가 있어요.

자음자	ㄱ ㄴ ㄷ ㄹ ㅁ ㅂ ㅅ ㅇ ㅈ ㅊ ㅋ ㅌ ㅍ ㅎ
모음자	ㅏ ㅑ ㅓ ㅕ ㅗ ㅛ ㅜ ㅠ ㅡ ㅣ

한글은 자음자와 모음자가 만나 글자를 만들어요.

ㄴ + ㅏ = 나

ㅁ + ㅜ = 무

기초 다지기

글자를 연결하여 그림에 알맞은 단어를 만들어 보세요.

ㄱ • • ㅗ • •

ㅋ • • ㅐ • •

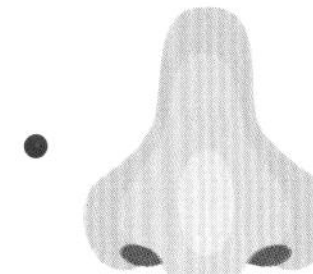

1. 연필을 똑바로 쥔 그림에 ○표하고 잘못 쥔 그림엔 X표 하세요.

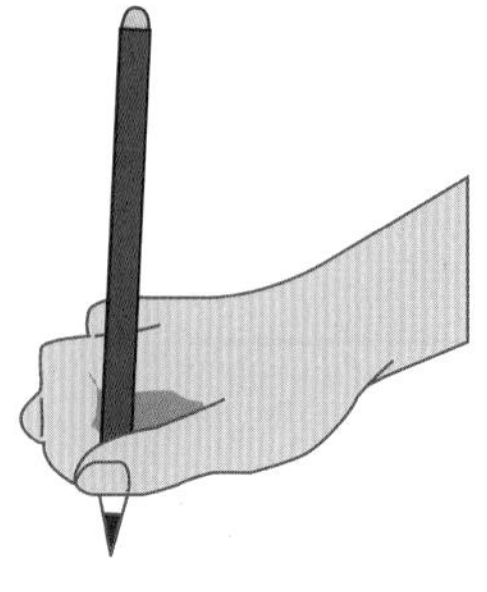

( )

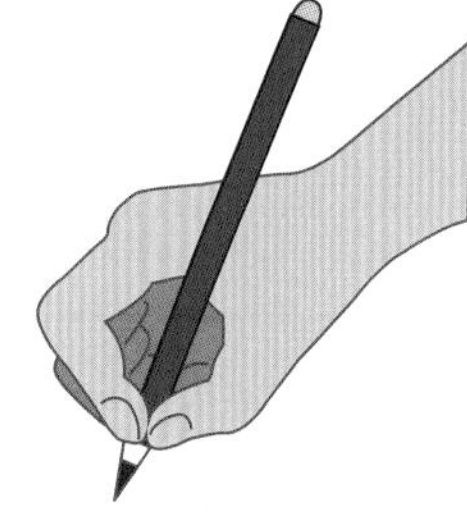

( )

( )

2. 자음자와 모음자를 더해 낱말을 만들어 보세요. 그리고 낱말에 어울리는 그림을 그려 보세요.

❶
ㄴ + ㅏ =
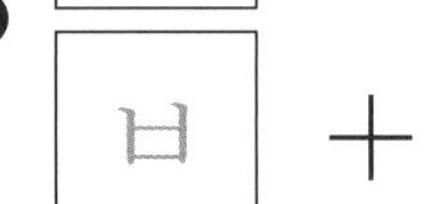
ㅂ + ㅣ =
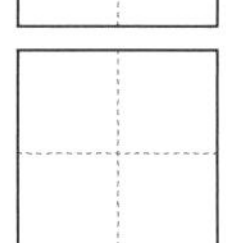

❷
ㅌ + ㅗ =
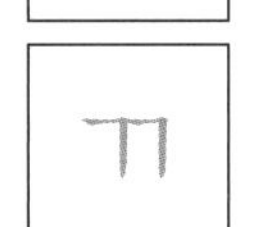
ㅠ + ㅣ =

공부한 날짜 /

03 순서에 맞게 써요.

기초 알기

자음자와 모음자는 모두 쓰는 순서가 정해져 있어요. 왼쪽에서 오른쪽으로, 위에서 아래로 써야 합니다. 순서대로 차근차근 써야 바른 글씨를 쓸 수 있지요. 아래를 보며 순서를 익혀 보세요.

기초 다지기

다음 중 차근차근 바르게 쓴 ㄹ을 찾아 ○표를 하세요.

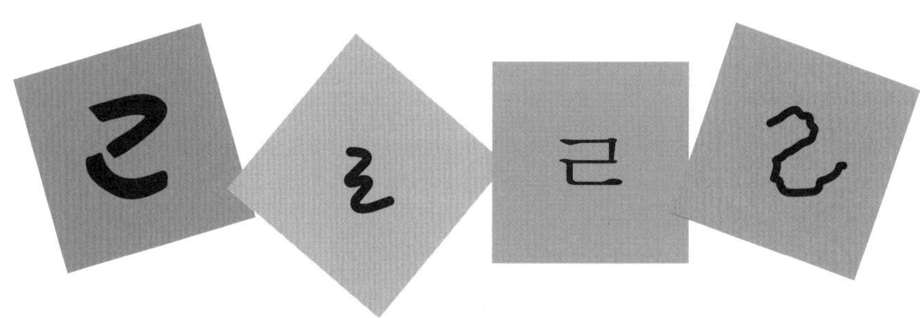

연습하기

1. 모음자의 이름을 알아보고 앞에서 익힌 순서를 생각하면서 바르게 써 보세요.

ㅏ	아	ㅏ	ㅏ							
ㅑ	야	ㅑ	ㅑ							
ㅓ	어	ㅓ	ㅓ							
ㅕ	여	ㅕ	ㅕ							
ㅗ	오	ㅗ	ㅗ							
ㅛ	요	ㅛ	ㅛ							
ㅜ	우	ㅜ	ㅜ							
ㅠ	유	ㅠ	ㅠ							
ㅡ	으	ㅡ	ㅡ							
ㅣ	이	ㅣ	ㅣ							

2. 자음자의 이름을 알아보고 앞에서 익힌 순서를 생각하면서 바르게 써 보세요.

ㄱ	기역	ㄱ	ㄱ							
ㄴ	니은	ㄴ	ㄴ							
ㄷ	디귿	ㄷ	ㄷ							
ㄹ	리을	ㄹ	ㄹ							
ㅁ	미음	ㅁ	ㅁ							
ㅂ	비읍	ㅂ	ㅂ							
ㅅ	시옷	ㅅ	ㅅ							
ㅇ	이응	ㅇ	ㅇ							
ㅈ	지읒	ㅈ	ㅈ							
ㅊ	치읓	ㅊ	ㅊ							
ㅋ	키읔	ㅋ	ㅋ							
ㅌ	티읕	ㅌ	ㅌ							
ㅍ	피읖	ㅍ	ㅍ							
ㅎ	히읗	ㅎ	ㅎ							

공부한 날짜 /

04 위치에 맞게 써요.

기초 알기

가 고 국

같은 'ㄱ'이지만 쓰인 위치나 함께 쓰인 모음에 따라 조금씩 모양과 크기가 다르지요? 자음자는 위치에 따라 모양과 크기가 달라진답니다. **위치에 따라 모양을 다르게 써야 바르게 쓸 수 있어요.** 이것은 모음자도 마찬가지입니다.

우 유 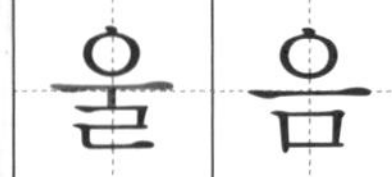

같은 'ㅜ'지만 조금씩 크기가 다르지요? 모음자도 밑에 자음이 있느냐 없느냐에 따라 모양이 달라져요. 모양을 잘 살피면서 글씨를 써야 칸 안에 바르게 쓸 수 있습니다.

기초 다지기

그림을 보고 빠진 글자를 생각하여 채워 쓰세요.

1.  ㅏ ㅛ

2. 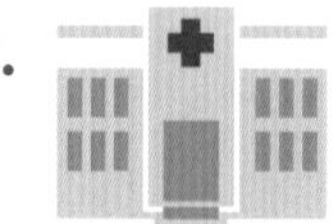 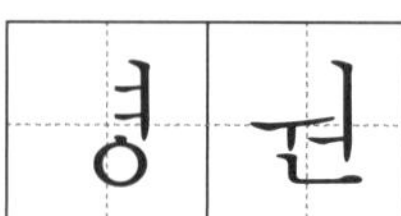

3.  ㅓ 리 ㅣ

4.  어 ㅁ

연습하기

앞에서 익힌 위치를 생각하면서 바르게 써 보세요.

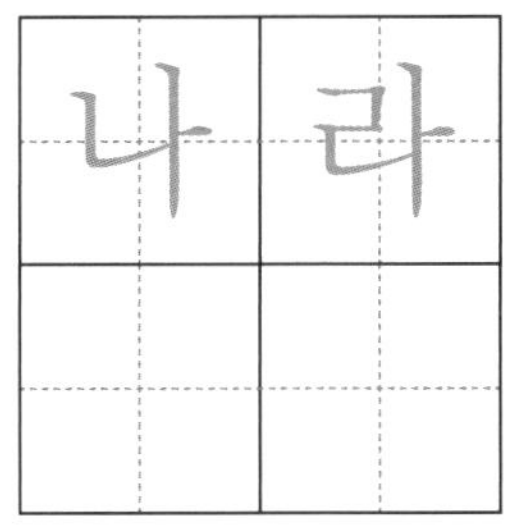

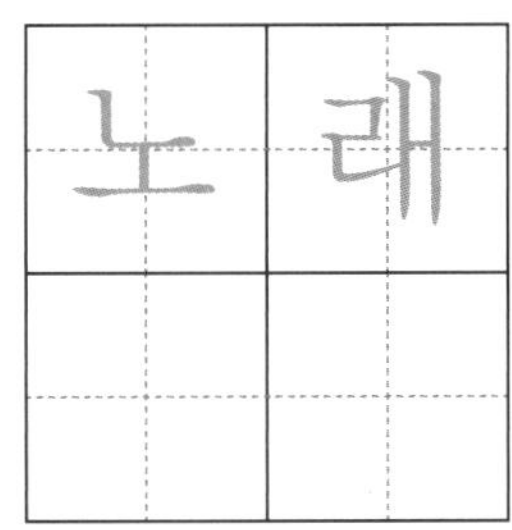

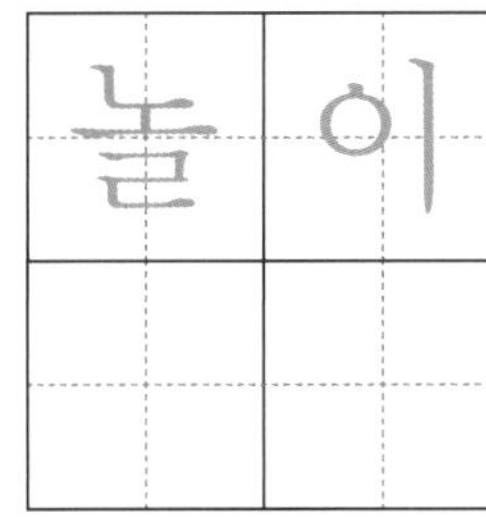

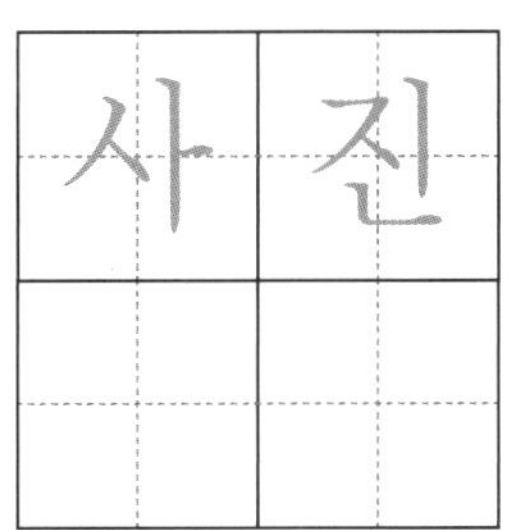

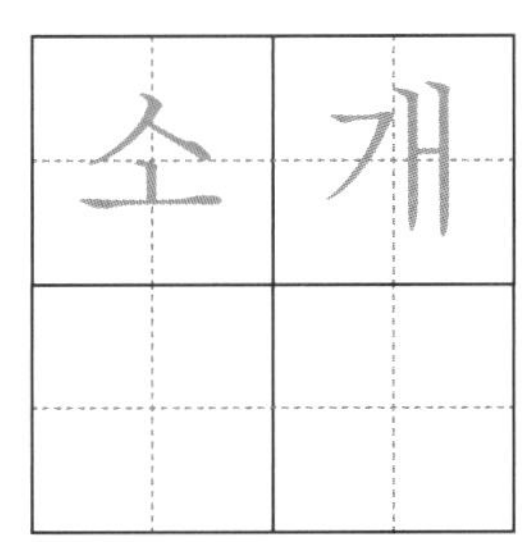

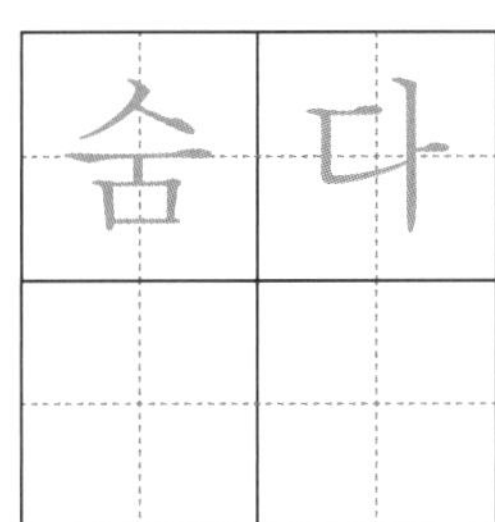

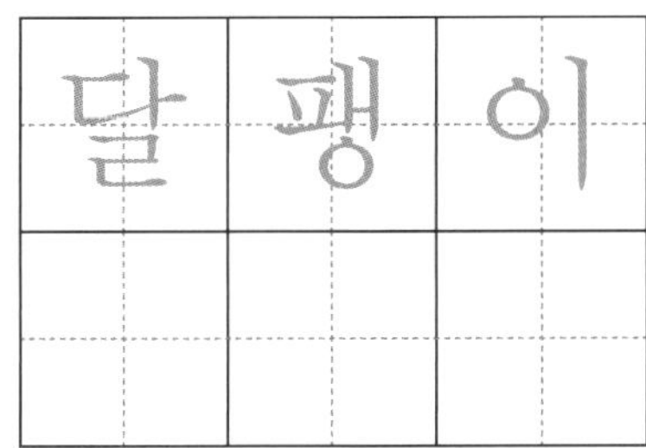

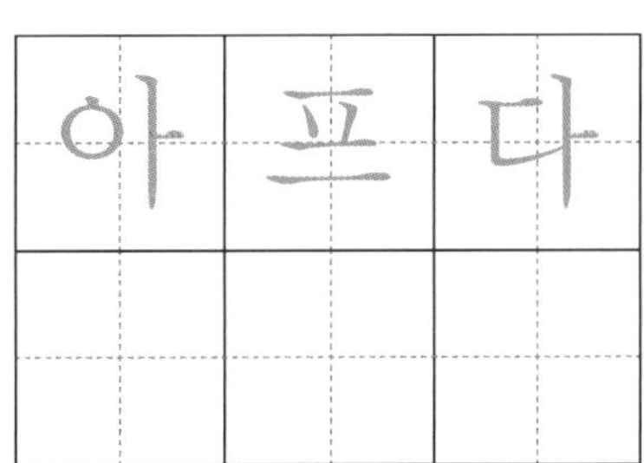

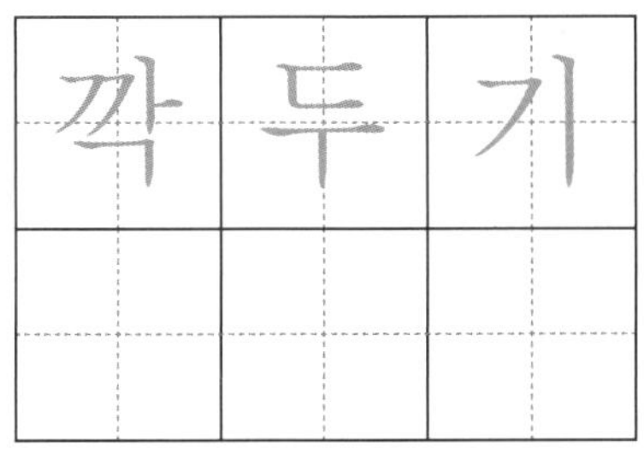

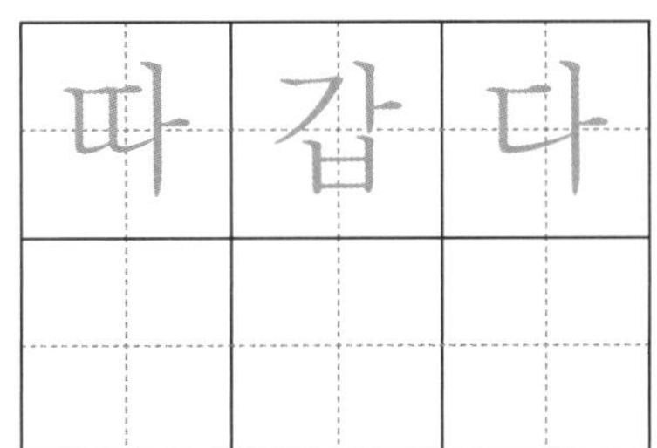

확실하게 익히기

다음을 소리 내어 읽고, 바르게 따라 써 보세요.

❶ 봄

봄											

❷ 마음

마	음										

❸ 무지개

무	지	개									

❹ 진달래꽃

진	달	래	꽃								

❺ 기분을 말해 봐!

기	분	을		말	해		봐	!			

❻ 영치기 영차!

영	치	기		영	차	!					

❼ 깍두기가 맛있다.

깍	두	기	가		맛	있	다	.			

❽ 배가 아파 배나무

배	가		아	파		배	나	무			

Part 2
받아쓰기

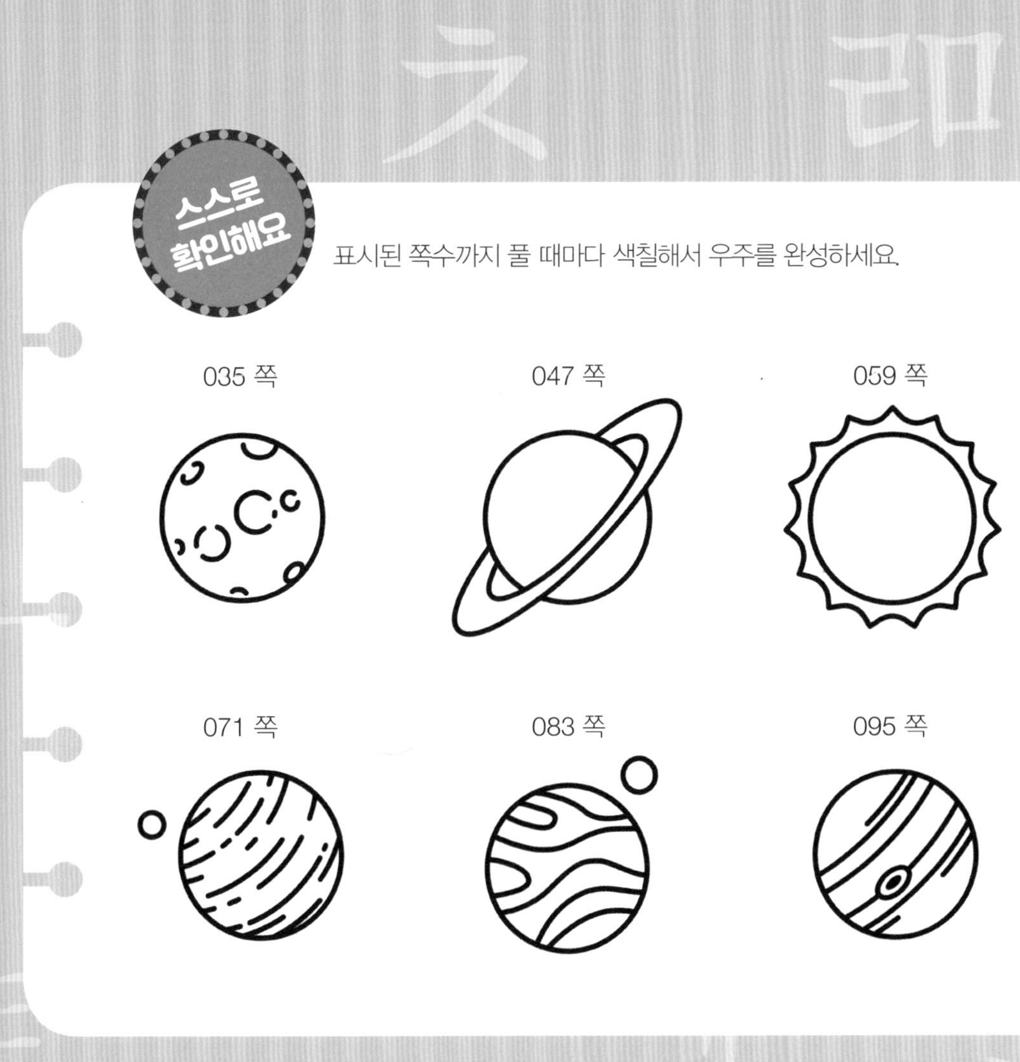
스스로 확인해요
표시된 쪽수까지 풀 때마다 색칠해서 우주를 완성하세요.
035 쪽
047 쪽
059 쪽
071 쪽
083 쪽
095 쪽

공부한 날짜 /

01 글자를 바르게 써요.

기초 알기

소리 나는 대로 써도 되는 낱말도 있지만, 소리 나는 대로 쓰면 안 되는 낱말도 있어요. '여우', '아기', '거미', '그림'과 같은 낱말들은 소리 나는 대로 쓰면 돼요. 하지만 모든 단어가 그런 것은 아니에요.

칭구야, 내일 모하니?
우리 내일 노리터에서 그내를 타자.
너의 칭구 현수가.

위의 글처럼 친구에게 편지를 쓸 때 글자를 틀리면 어떻게 될까요? 친구가 무슨 뜻인지 이해하지 못하거나, 잘못 이해할 수 있어요. 이처럼 **글자를 바르게 써야 나도 다른 사람도 잘 이해할 수 있어요.** 글자를 틀리게 쓰면 읽는 사람이 잘 이해하지 못한답니다.

기초 다지기

위에서 틀린 글자를 바르게 따라 써 보세요.

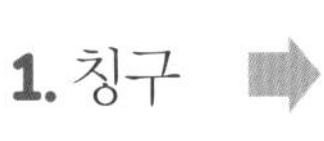
1. 칭구 ➡

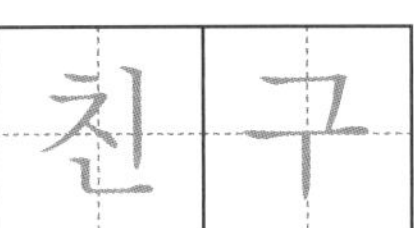

2. 모하니? ➡

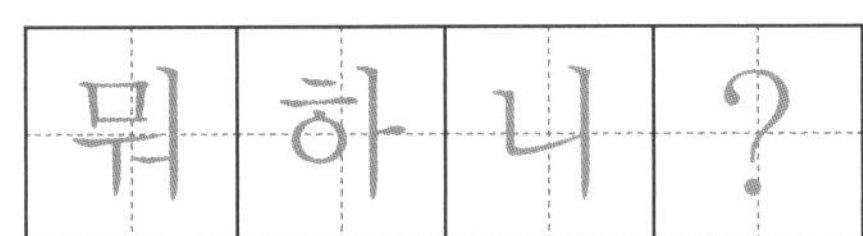

3. 노리터 ➡

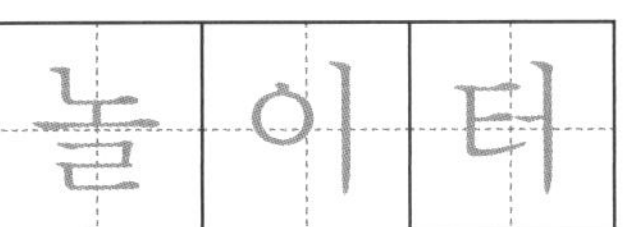

4. 그내 ➡

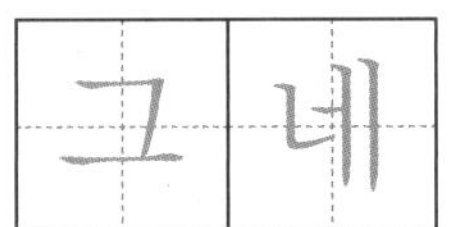

1. 아래에서 알맞은 낱말을 찾아 색칠하고, 소리 내어 읽어 보세요.

놀리터	노리터	놀이터
줄넘기	줄넘끼	줄넘키
지운개	지우게	지우개
숙제	숙재	숙째

2. 빈칸에 넣기에 알맞은 낱말을 보기의 그림을 보고 골라 쓰세요.

❶

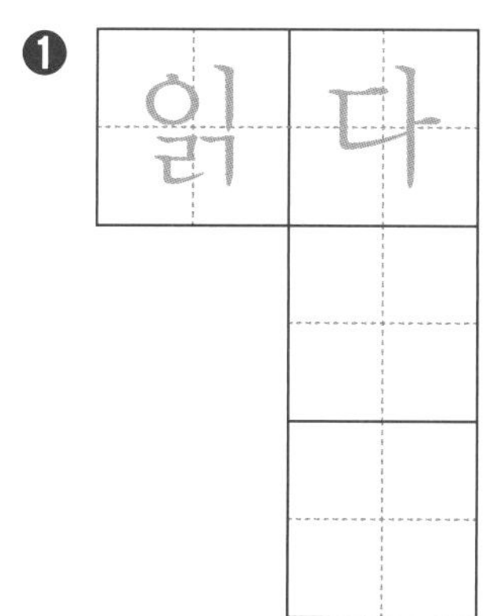

❷

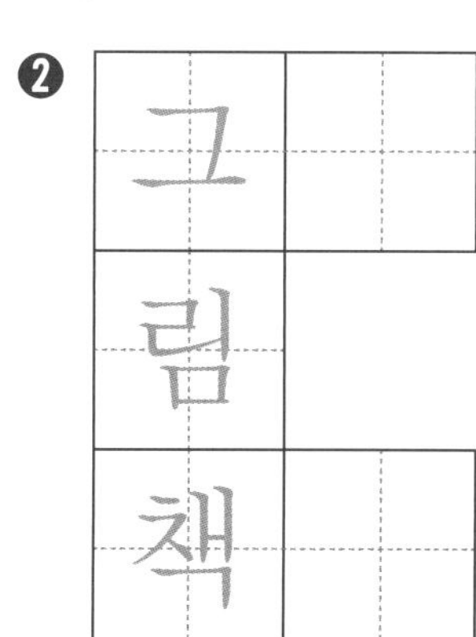

공부한 날짜 /

02 받침을 배워 봐요.

기초 알기

자음과 모음으로 이루어진 글자에 또 자음을 더해 새로운 글자를 만들 수 있어요. 이때, 밑에 들어가는 자음을 받침이라고 해요.

차	+	ㅇ	=	창

차에 'ㅇ'을 더하자 '창'이 되었어요. 이처럼 받침을 더하면 새로운 낱말을 만들 수 있답니다. 이때 위에 있는 자음과 모음을 쓰기 전에 먼저 낱말에 받침이 있는지 없는지를 생각하며 써야 바르게 쓸 수 있어요.

 (X) 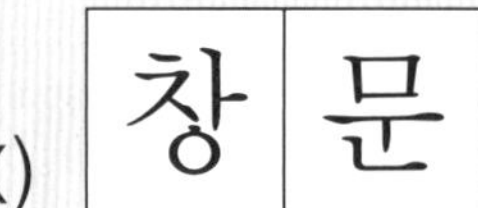 (O)

그냥 쓰면 모음의 모양이 이상하거나 받침이 있는 글자만 너무 커지게 되겠지요? 쓰기 전에 꼭 생각하도록 해요.

기초 다지기

그림을 보고 받침에 주의하여 글자를 따라 써 보세요.

1.  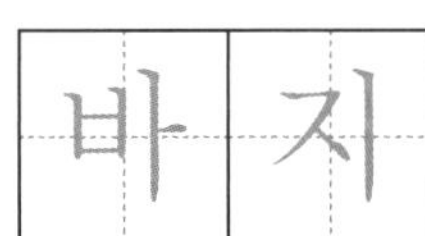  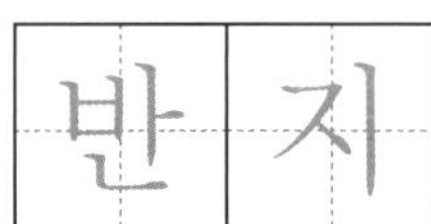

2.  고추  곤충

연습하기

첫 번째 글자를 따라 쓴 뒤, 그림을 보고 알맞은 받침을 생각하여 빈칸에 써 보세요.

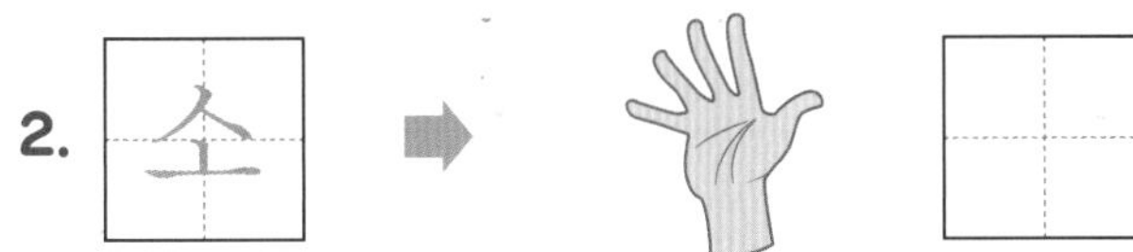

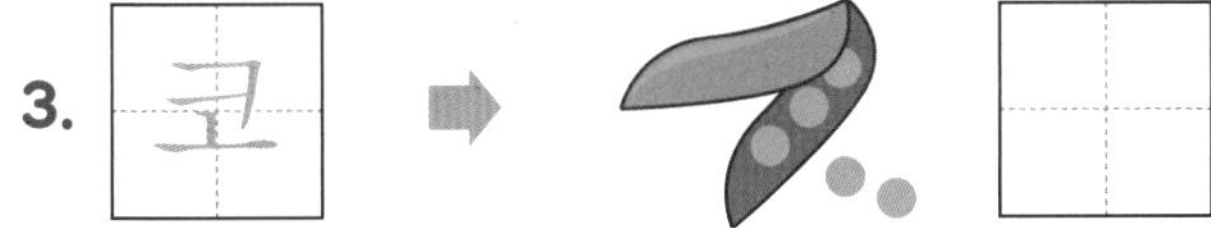

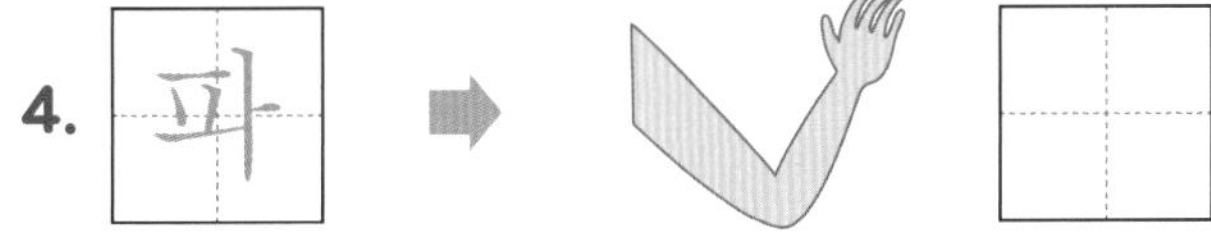

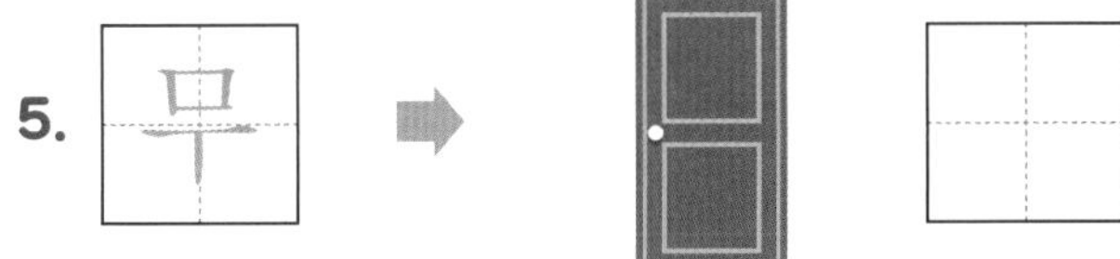

공부한 날짜 /

03 '가리키다'와 '가르치다'

기초 알기

➡ **가리키다** : 손가락 따위로 어떤 방향이나 물건을 보게 하거나 알리다.

> 나는 친구에게 우리 집 방향을 가리켰다.
> 건우가 로봇을 가리키며 사달라고 떼를 썼다.

➡ **가르치다** : 지식이나 기능 등을 교육해 익히게 하다.

> 선생님은 우리를 가르치신다.
> 혜리는 동생에게 숫자를 가르쳤다.

기초 다지기

1. 글자를 연결하여 알맞은 문장을 만들어 보세요.

아이들에게 글자를 •	• 가리키다.
시곗바늘이 3시를 •	• 가르치다.

2. 목적어와 서술어를 이어 문장을 만들고 소리 내어 읽어 보세요.

❶ 갖고 싶은 물건을 손으로 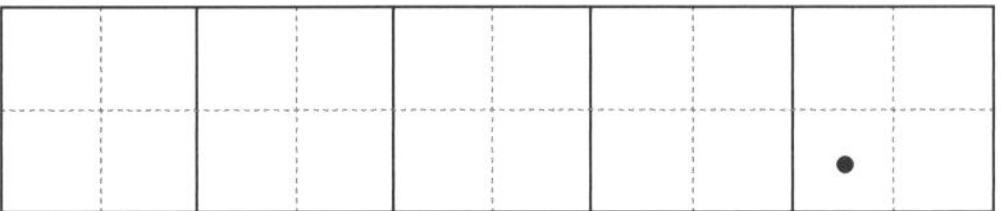

❷ 글자를 바르게 쓰는 방법을 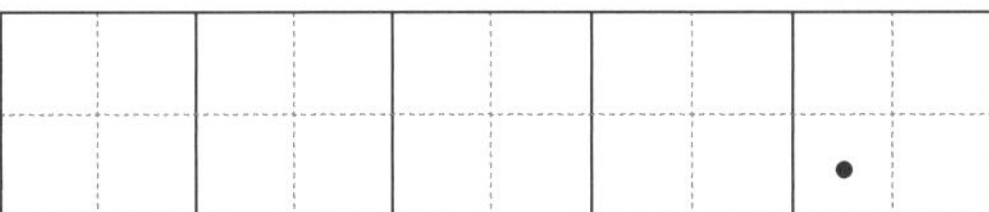

❸ 도깨비가 동쪽 방향을

확실하게 익히기

다음을 소리 내어 읽고, 바르게 따라 쓰세요. 그리고 다음 줄에는 혼자서 써 보세요.

❶ 그네를 탔다.

❷ 바람이 불어요.

❸ 놀이터에서 놀았다.

❹ 뱀이 팔을 물었다.

❺ 손으로 문을 가리켰다.

❻ 노래를 가르쳐 주세요.

공부한 날짜 /

04 두 개의 모음이 합쳐진 낱말을 배워요.

기초 알기

이전에 기본 모음 'ㅏ ㅑ ㅓ ㅕ ㅗ ㅛ ㅜ ㅠ ㅡ ㅣ'를 배웠어요. 그런데 이 모음이 합쳐진 모음들이 11개 있어요. 이 모음들도 왼쪽에서 오른쪽으로, 위에서 아래로 써야 한답니다. 쓰는 법을 아래를 보며 순서를 익혀보세요.

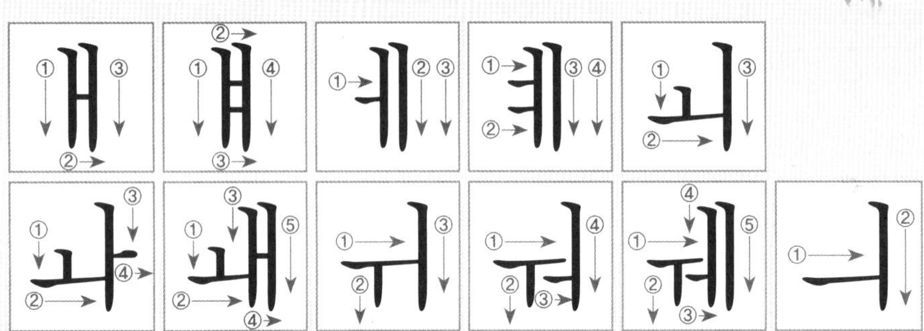

기초 다지기

다음 보기처럼 자음과 모음을 더하여 글자를 만들어 보세요.

보기

ㅇ + ㅗ + ㅐ = 왜

1.

ㄱ + ㅗ + ㅏ = ☐

2.

ㅇ + ㅜ + ㅔ = ☐

3.

ㅂ + ㅗ + ㅏ = ☐

4.

ㄴ + ㅜ + ㅓ = ☐

모음의 이름을 알아보고 위에서 배운 순서대로 바르게 써 보세요.

ㅐ	애	ㅐ	ㅐ							
ㅒ	얘	ㅒ	ㅒ							
ㅔ	에	ㅔ	ㅔ							
ㅖ	예	ㅖ	ㅖ							
ㅚ	외	ㅚ	ㅚ							
ㅘ	와	ㅘ	ㅘ							
ㅙ	왜	ㅙ	ㅙ							
ㅟ	위	ㅟ	ㅟ							
ㅝ	워	ㅝ	ㅝ							
ㅞ	웨	ㅞ	ㅞ							
ㅢ	의	ㅢ	ㅢ							

공부한 날짜 /

05 ㅐ와 ㅔ가 헷갈려요.

기초 알기

같은 자음이라도 어떤 모음이 붙느냐에 따라 단어의 뜻이 완전히 달라져요. 다음 두 동물을 보세요.

개

게

개와 게의 자음은 둘 다 똑같이 ㄱ이지만 모음 때문에 완전히 다른 뜻이 되었답니다. 그런데 두 단어가 생긴 것이 비슷하지 않나요? ㅐ와 ㅔ는 생긴 것도 비슷하지만 발음도 비슷해요. 그래서 많이 헷갈린답니다. 지금부터 ㅐ와 ㅔ가 들어간 단어를 익히고 헷갈리지 않게 연습해요.

기초 다지기

다음 낱말들을 소리 내어 읽고 써 보세요.

1. 빨래 빨래 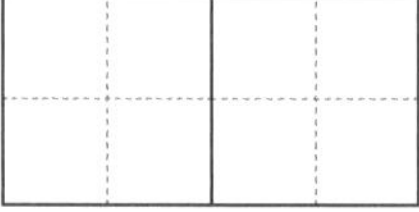 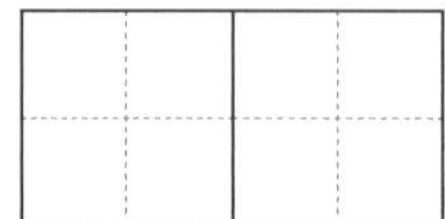

2. 베개 베개  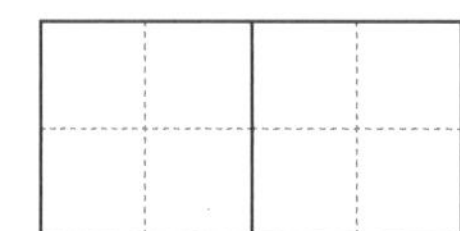

3. 채소 채소 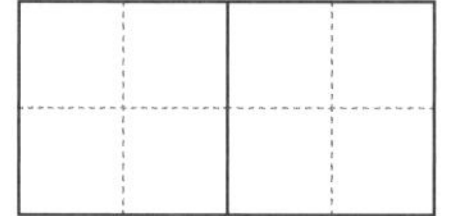 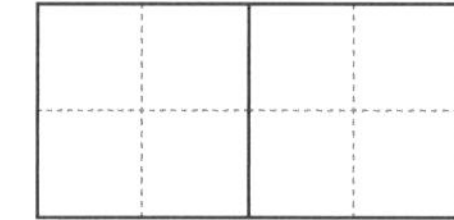

4. 고개 고개 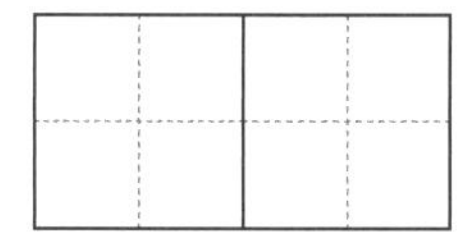

다음 글을 읽으면서 빈칸에 들어갈 알맞은 낱말을 보기에서 골라 써 보세요.

찌개　재채기　숙제　데리고　그네　쓰레기　함께　떼　매미

1. 책상에 앉아 [ ][ ] 를 했다.

2. 그런데 자꾸 동생이 놀아달라며 [ ] 를 써서 곤란했다.

3. 그래서 동생과 [ ][ ] 놀이터에 갔다.

4. 우리 둘은 사이좋게 [ ][ ] 를 탔다.

5. 그런데 놀이터에 [ ][ ][ ] 가 많아서 지저분했다.

6. 그리고 [ ][ ] 가 "맴맴" 거리며 울어서 시끄러웠다.

7. 동생은 자꾸 "에취!" 하며 [ ][ ][ ] 를 했다.

8. 그래서 동생을 [ ][ ][ ] 다시 집으로 돌아왔다.

9. 엄마가 저녁으로 맛있는 김치 [ ][ ] 를 끓여주셨다.

공부한 날짜 /

06 '세다'와 '새다'

기초 알기

➡ **세다** : ① 힘이 강하다.
② 사물의 수를 헤아리다.

지영 : 내 동생은 힘이 ①세다.
건우 : 내 동생은 숫자를 잘 ②센다.

➡ **새다** : ① 기체, 액체 따위가 틈이나 구멍으로 조금씩 빠져나가거나 나오다.
② 날이 밝아 오다.

지붕에서 비가 ①새서 고치다 보니 날이 ②샜다.

기초 다지기

문장을 읽고 바른 낱말을 찾아 ○표를 한 뒤 옆의 빈칸에 쓰세요.

1. 별이 [샐 / 셀] 수 없이 많았다. ➡

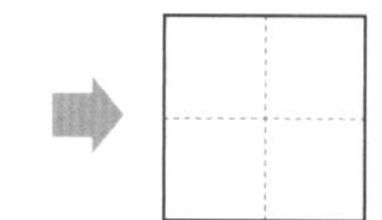

2. 자전거 바퀴에서 바람이 [새어 / 세어] 나온다. ➡

3. 곰은 힘이 아주 [새다. / 세다.] ➡

4. 날이 [새도록 / 세도록] 공부를 했다. ➡

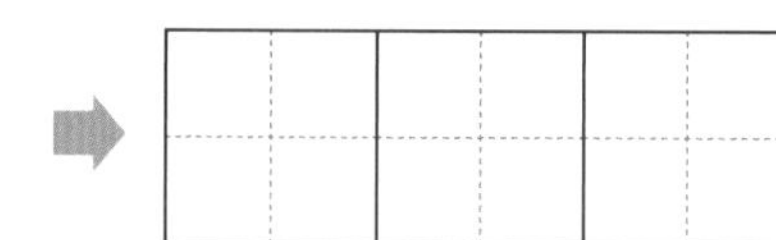

확실하게 익히기

다음을 소리 내어 읽고, 바르게 따라 쓰세요. 그리고 다음 줄에는 혼자서 써 보세요.

❶ 베개를 베고 누웠다.

❷ 바퀴벌레를 잡았다.

❸ 쓰레기를 버렸다.

❹ 신발에 물이 샌다.

❺ 나는 너무 화났어!

❻ 왜 문을 세게 닫았니?

공부한 날짜 /

07 받침만 다른 낱말들을 알아봐요.

기초 알기

위에 있는 자음과 모음은 같은데 받침만 다른 낱말들이 있어요. 다음 낱말을 살펴보세요.

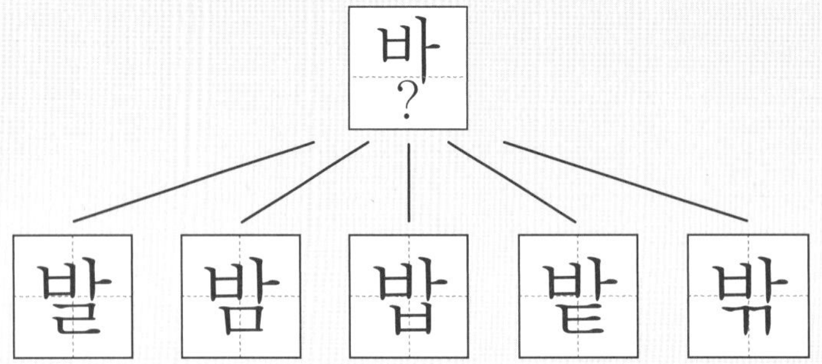

'ㅂ'과 'ㅏ'는 같지만 받침이 바뀌면서 뜻이 모두 달라졌어요. 그래서 각각 받침이 어떻게 다른지를 잘 기억해야 해요.

기초 다지기

그림을 보고 받침에 주의하여 글자를 써 보세요.

1.  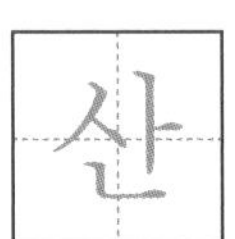

 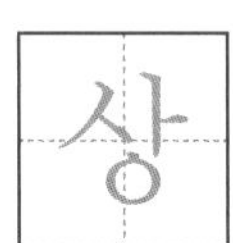

2.  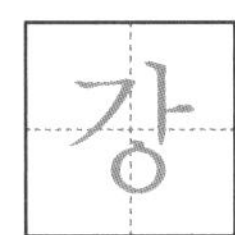

 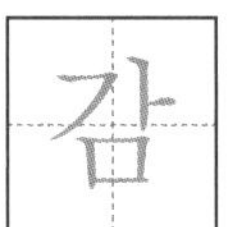

3.  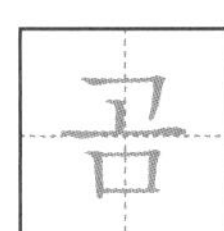

 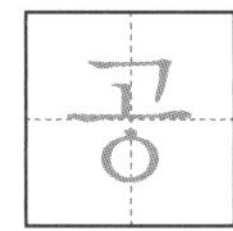

4. 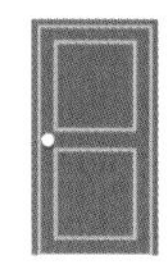 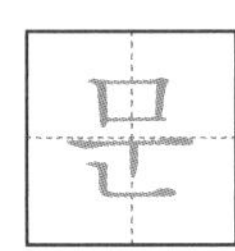

 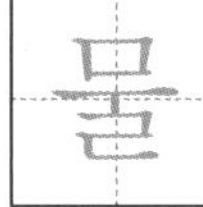

그림을 보고 둘 중에 맞는 낱말을 찾아 ○표를 하고 옆의 빈칸에 써 봅시다.

1.  집 / 짚 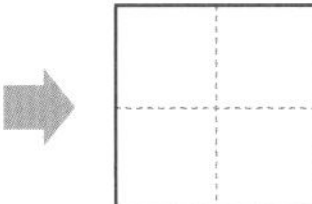

2.  옷 / 옥 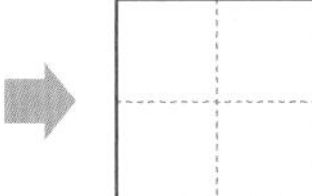

3.  빗 / 빗 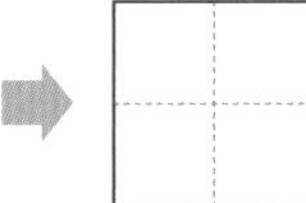

4.  잎 / 입 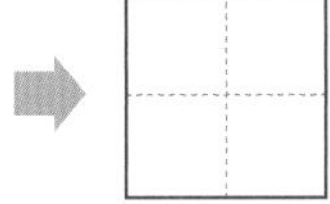

5.  찼다 / 찾다 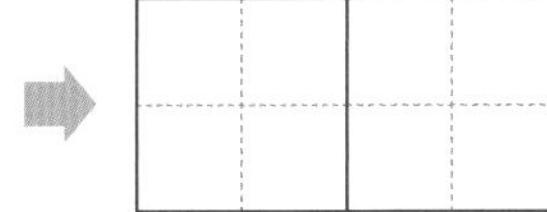

6.  장난감 / 장남감 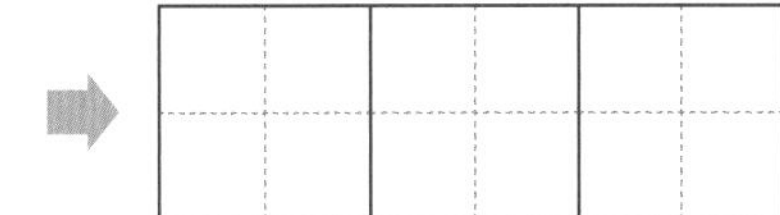

공부한 날짜 /

08 'ㅒ'와 'ㅖ'를 배워요.

기초 알기

애는 예의가 바르다.

위의 글을 소리 내어 읽어보세요. '얘'와 '예'의 소리가 비슷한 것을 알 수 있어요. 'ㅐ'와 'ㅔ'가 비슷한 것처럼 **'ㅒ'와 'ㅖ'도 비슷한 소리가 나요.** 그래서 정확하게 구분하여 소리를 내고, 써야 한답니다. '얘'는 먼저 [이]를 발음하다가 [애] 소리를 내면 돼요. 그리고 '예'는 먼저 [이]를 발음하다가 [에] 소리를 내면 됩니다. 단어를 배울 때 ㅑ와 ㅣ가 합쳐졌는지, ㅕ와 ㅣ가 합쳐졌는지를 잘 살핀다면 틀리지 않을 거예요.

기초 다지기

다음 빈칸의 낱말을 소리 내어 읽은 뒤 따라 쓰고 옆에도 쓰세요.

1.  = 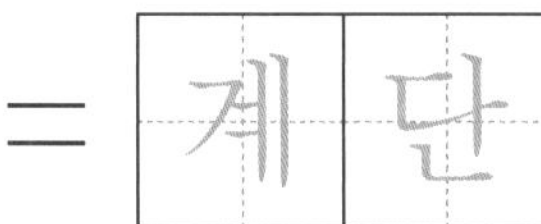

2. = 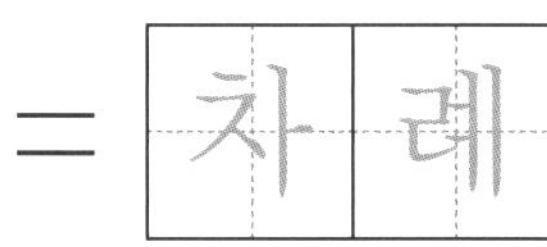

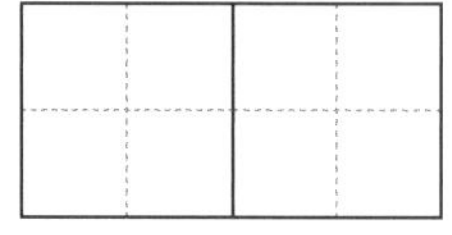

3.  = 시계 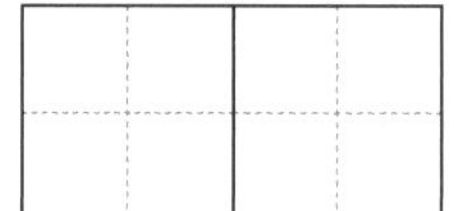

4.  = 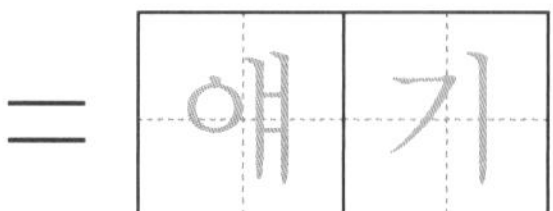

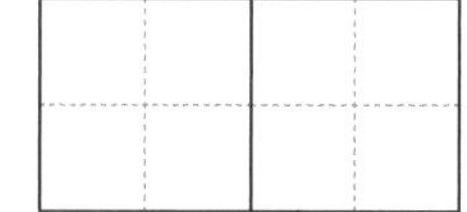

연습하기

1. 다음 글을 읽고 둘 중에 맞는 낱말을 찾아 ○표를 해 봅시다.

① 나는 (**얘** / **에**)랑 같이 놀래요.

② 나는 숫자 (**게산** / **계산**)을 잘한다.

③ (**얘들아** / **예들아**), 학교 가자.

④ 나는 (**계절** / **걔절**) 중에서 봄을 가장 좋아한다.

⑤ 옛날에 (**지헤** / **지혜**)로운 까마귀가 살고 있었어.

⑥ 기분을 (**예기** / **얘기**) 해봐!

⑦ (**예쁜** / **얘쁜**) 꽃이 활짝 피었어요.

⑧ (**차레** / **차례**)대로 줄을 서요.

2. 다음 뜻을 읽고 알맞은 단어를 위에서 찾아 빈칸에 쓰세요.

❶ 이야기의 줄임말, 생각이나 경험을 남에게 알려주는 말. =

❷ 봄, 여름, 가을, 겨울로 규칙적으로 바뀌는 자연 현상. =

❸ 순서에 따라 구분하는 것, 일이 일어나는 순서를 세는 단위. =

❹ 슬기롭고 영리하게 일을 해내는 능력. =

공부한 날짜 /

09 '낫다'와 '낳다'

기초 알기

➡ **낫다** : ① 보다 더 좋거나 앞서 있다.
② 병이나 상처가 고쳐지다.

> 의사 : 감기에 걸렸으니 주사 맞고 약 받아가렴.
> 아름 : 약만 먹으면 안 돼요?
> 의사 : 약보단 주사가 더 ①낫다.
> 아름 : 그렇지만 주사는 너무 무서워요.
> 의사 : 주사를 맞아야 감기가 빨리 ②낫지.

➡ **낳다** : 배 속의 아이, 새끼, 알을 몸 밖으로 내놓다.

> 혜리 : 우리 집 개가 강아지를 낳았어.
> 예은 : 정말? 다음에 보러 가도 되니?

기초 다지기

1. 글자를 연결하여 알맞은 문장을 만들어 보세요.

새가 알을 • • 낫다.

흉터가 모두 • • 낳다.

2. 다음 문장을 읽고 빈칸에 알맞은 단어를 넣어 보세요.

❶ 약을 먹어서 배탈이 모두 

❷ 어제 저녁 소가 송아지를 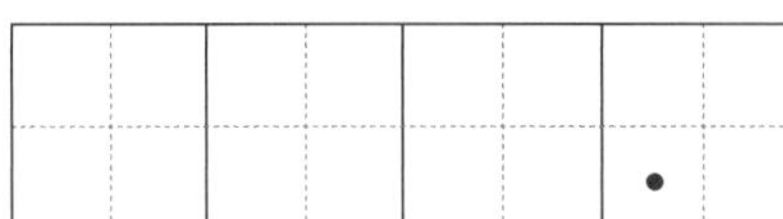

❸ 나는 여름보단 겨울이 더

확실하게 익히기

다음을 소리 내어 읽고, 바르게 따라 쓰세요. 그리고 다음 줄에는 혼자서 써 보세요.

❶ 새가 알을 낳았다.

❷ 강에서 감을 먹었다.

❸ 애는 계산을 잘한다.

❹ 차례를 지켜 얘기하자.

❺ 곰이 공을 갖고 왔다.

❻ 너보단 개가 더 낫다.

공부한 날짜 /

10 받침이 뒤로 가서 소리가 나요.

기초 알기

받침 뒤에 'ㅇ'이 오면 받침이 뒤로 가서 소리가 나요. 다음 단어를 살펴보세요.

높이 → [노피]

꽃을 → [꼬츨]

뒤에 'ㅇ'이 있어서 받침이 뒤로 넘어가서 '높이'는 읽을 때 [노피]라고 소리가 나고, '꽃을'은 [꼬츨]이라고 소리가 나요. 하지만 소리 나는 그대로 쓰면 틀린답니다. 쓸 때는 받침을 원래 자리에 맞게 쓰고 읽을 때만 뒤로 이어서 읽어요.

기초 다지기

1. 다음 낱말을 따라 쓰고 소리 내어 읽어 보세요.

❶ 꽃이 | 꽃이

❷ 낮에 | 낮에

❸ 쫓아 | 쫓아

2. 다음 문장을 따라 쓰고 소리 내어 읽어 보세요.

❶ 무릎에 상처가 났다.

❷ 책꽂이에 꽂아라.

연습하기

다음 밑줄 친 낱말을 올바른 낱말로 고쳐 쓰세요.

1. 사냥꾼이 <u>쪼차</u> 와요. ➡ 

2. 어흥, <u>자바</u> 먹어야겠다! ➡ 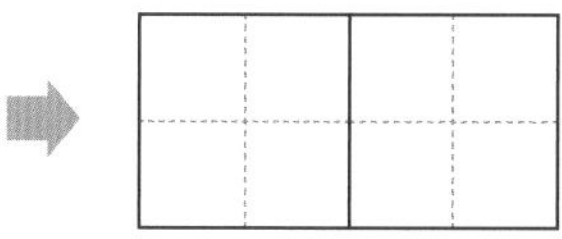

3. 어디에 <u>수머</u> 있었니? ➡ 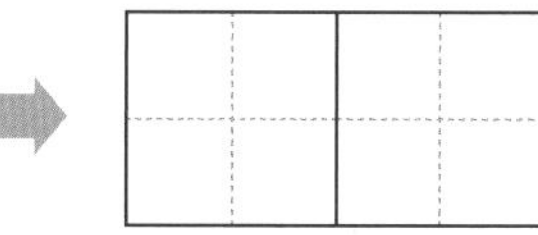

4. 사과를 <u>까까</u> 먹었다. ➡ 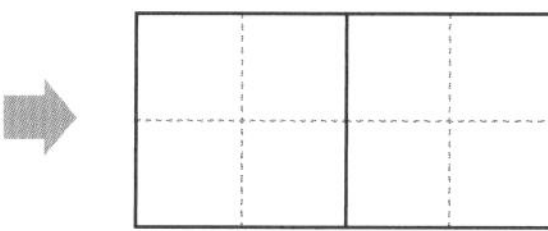

5. 밥을 많이 <u>머거서</u> 배불러요. ➡ 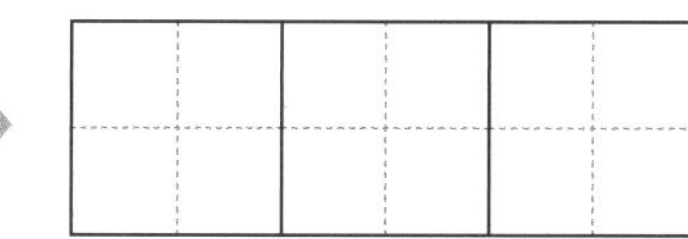

6. <u>노리터</u>에 갔다. ➡ 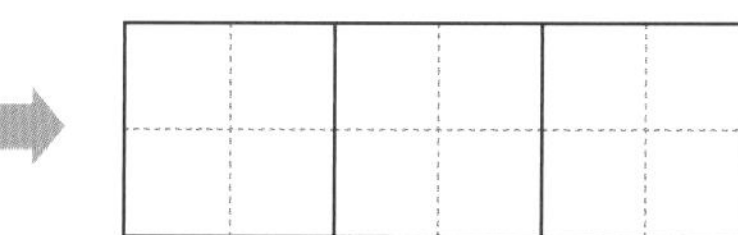

7. <u>꼬체서</u> 좋은 향기가 납니다. ➡ 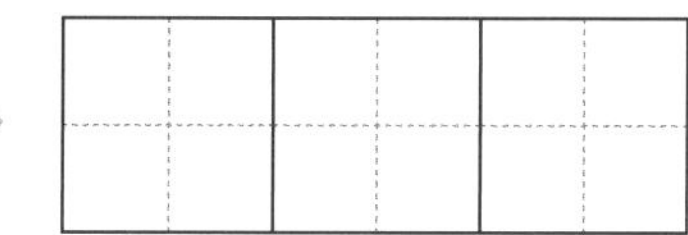

8. 학교 <u>아페서</u> 만나! ➡ 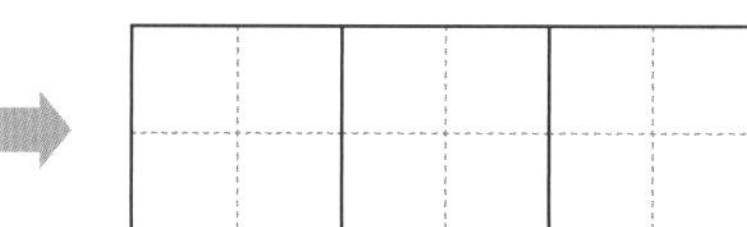

9. 이불 <u>소그로</u> 들어갔다. ➡ 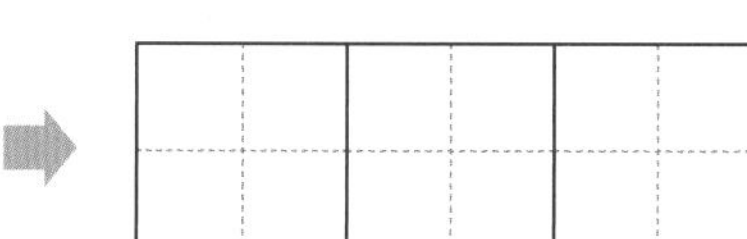

10. <u>햇비츨</u> 가려 주었다. ➡ 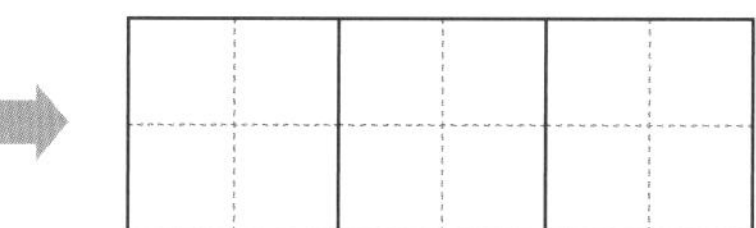

공부한 날짜 /

11 '이'와 '히'가 헷갈려요.

기초 알기

'이'와 '히'는 서로 소리가 비슷하게 나서 헷갈린답니다. 끝소리가 분명하게 '이'나 '시'로 나는 것은 '이'로 적으면 됩니다. '히'라고 나거나 정확하게 나지 않는 것은 대부분 '히'로 적습니다. 그리고 '-하다'가 붙을 수 있는 낱말 중에 '-하다' 앞에 'ㅅ'이나 'ㄱ' 받침이 없는 낱말은 '-히'로 쓰면 돼요.

정확하다 ➡ 정확히

급하다 ➡ 급히

솔직하다 ➡ 솔직히

그렇다면 '깨끗이'와 '깨끗히' 중 무엇이 맞을까요?

깨끗이 (O) 깨끗히 (X)

'깨끗이'가 맞습니다. '-하다'가 붙는 말 중에서 '-하다' 앞에 'ㅅ' 받침으로 끝나는 말에는 '-이'가 오기 때문이에요. '깨끗이' 말고도 '반듯이', '지긋이', '느긋이'도 모두 '-이'가 붙습니다. 그리고 'ㄱ' 받침으로 끝나는 말에도 '-이'가 붙어요. '깊숙이'와 같은 단어를 보면 알 수 있어요.

기초 다지기

'이'와 '히'에 동그라미 치며 글자를 소리 내어 읽어 본 뒤, 빈칸에 두 번 따라 써 보세요.

1. 조용히 ➡ 조 용 히

2. 가까이 ➡ 가 까 이

3. 가만히 ➡ 가 만 히

4. 곰곰이 ➡ 곰 곰 이

5. 열심히 ➡ 열 심 히

6. 깨끗이 ➡ 깨 끗 이

연습하기

1. 다음 글을 읽고 둘 중에 맞는 낱말을 찾아 ○표를 해 봅시다.

❶ 공부를 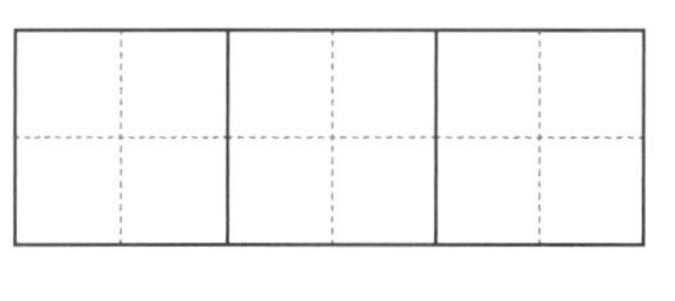 한다.

열심히 / 열심이

❷ 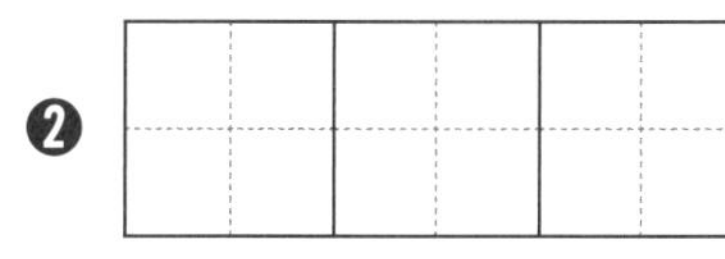 해주세요.

조용히 / 조용이

❸ 토끼가 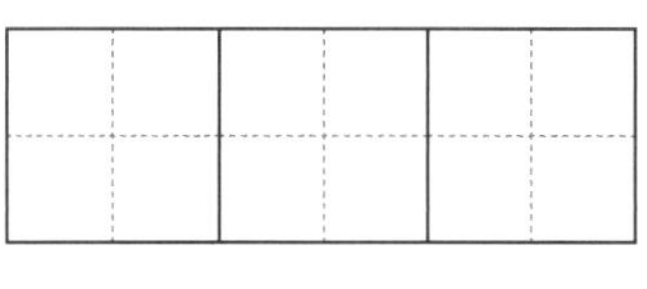 뛰어갔다.

급이 / 급히

❹ 방을 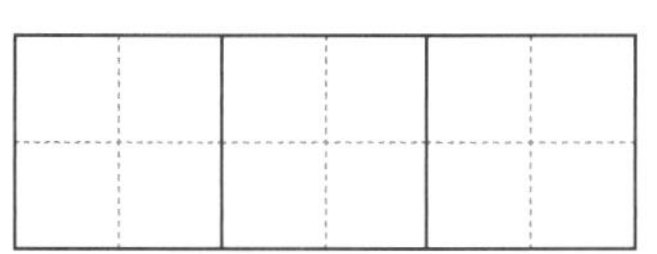 치워라.

깨끗히 / 깨끗이

❺ ☐☐☐ 생각했다.

곰곰이 / 곰곰히

❻ 나는 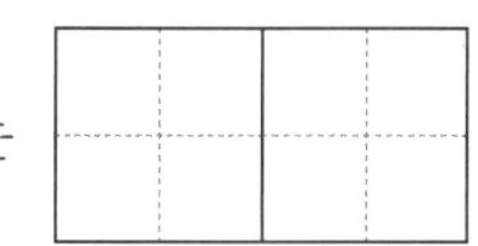 딸기를 좋아한다.

특히 / 특이

2. 다음 문장을 따라 쓰고 소리 내어 읽어 보세요.

❶ 조용히 다가갔다.
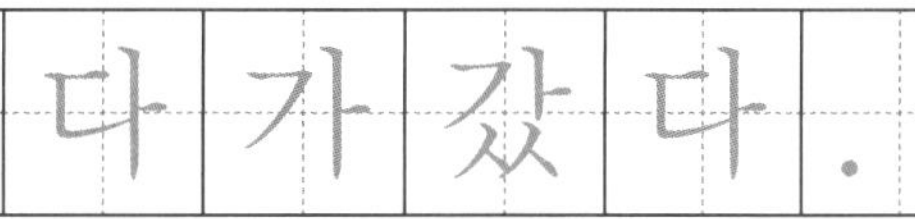

❷ 솔직히 이야기했다.

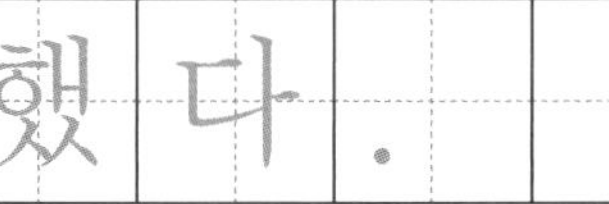

❸ 다행히 안 다쳤다.
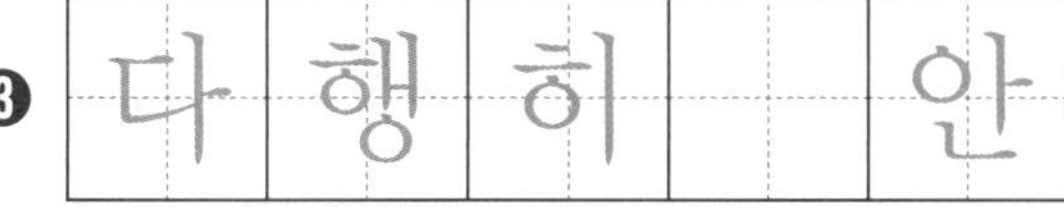
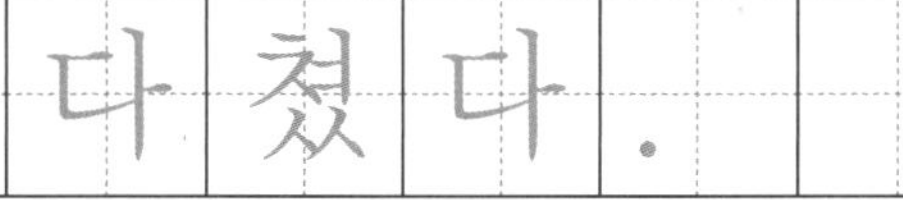

❹ 가만히 들여다봐요.
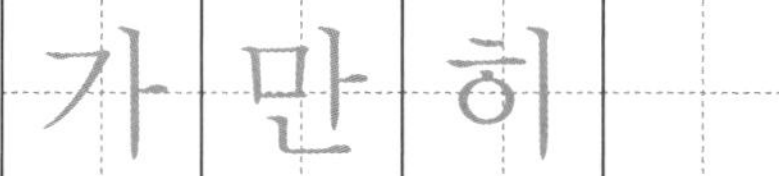

공부한 날짜 /

12 '반듯이'와 '반드시'

기초 알기

➡ **반듯이** : 물체, 또는 생각이나 행동이 비뚤어지거나 기울어지지 않고 바르게 있다.
※ 반듯하다

나는 책상에 반듯이 앉아 공부 했다.

➡ **반드시** : 틀림없이 꼭

나는 반드시 100점을 받을 것이다.

'반듯이'와 '반드시'는 둘 다 [반드시]로 **소리나기 때문에** 문장을 잘 살펴보아야 해요!

기초 다지기

문장을 읽고 바른 낱말을 찾아 ○표를 하고 옆의 빈칸에 써 보세요.

1. 물건을 [반드시 / 반듯이] 정리했다. ➡

2. 우리는 [반드시 / 반듯이] 이길 것이다. ➡

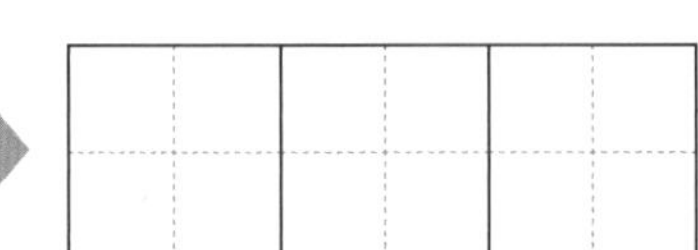

3. 나는 [반드시 / 반듯이] 놀러갈 것이다. ➡

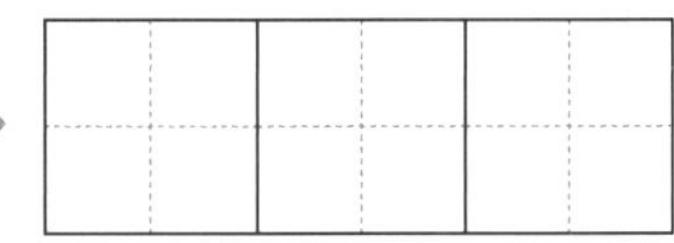

4. 책이 [반드시 / 반듯이] 꽂혀 있다. ➡

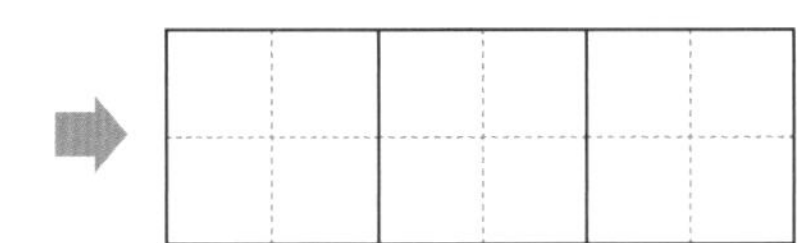

확실하게 익히기

다음을 소리 내어 읽고, 바르게 따라 쓰세요. 그리고 다음 줄에는 혼자서 써 보세요.

❶ 달맞이꽃을 찾았어요.

❷ 넘어져서 무릎이 아파.

❸ 책꽂이에 책을 꽂았다.

❹ 곰곰이 생각해 보았다.

❺ 나는 열심히 걸어갔다.

❻ 그릇을 반듯이 놓았다.

공부한 날짜 /

13 된소리가 들어간 낱말을 배워요.

기초 알기

모음만 두 개를 합칠 수 있는 것은 아니에요. ㄱ, ㄷ, ㅂ, ㅅ, ㅈ 은 두 개씩 합쳐서 쓸 수 있답니다. 이 자음들을 **된소리**라고 합니다. 왼쪽에서 오른쪽으로, 위에서 아래로 써야 해요. 하나하나 따로 써야 정확하게 쓸 수 있어요.

ㄲ	ㄸ	ㅃ	ㅆ	ㅉ

그런데 된소리는 ㄱ, ㄷ, ㅂ, ㅅ, ㅈ 보다 강한 느낌을 줍니다. 다음 문장들을 읽어 보세요.

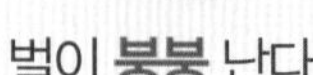
벌이 **붕붕** 난다.

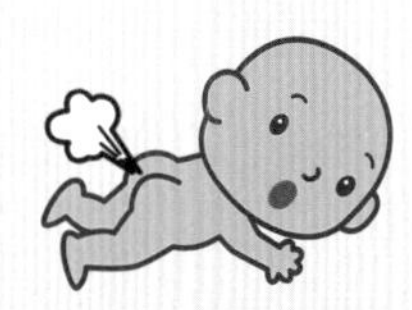
방귀를 **뿡뿡** 뀌었다.

('ㅂ'과 'ㅜ'는 같지만 받침이 바뀌면서 뜻이 모두 달라졌어요. 그래서 각각의 받침이 어떻게 다른지를 잘 기억해야 해요.)

기초 다지기

그림을 보고 받침에 주의하여 글자를 써 보세요.

ㄲ	쌍기역	ㄲ	ㄲ								
ㄸ	쌍디귿	ㄸ	ㄸ								
ㅃ	쌍비읍	ㅃ	ㅃ								
ㅆ	쌍시옷	ㅆ	ㅆ								
ㅉ	쌍지읒	ㅉ	ㅉ								

연습하기

1. 문장을 읽고 바른 낱말을 찾아 ○표를 해 봅시다.

❶ 고양이가 나무 위에 [잇다. / 있다.]

❷ 도둑에게 보물을 [뺏겼다. / 뱃겼다.]

❸ 문을 [쎄게 / 세게] 닫았다.

❹ 도둑을 [쫓아 / 좇아] 달렸다.

❺ 밥 먹을 [대는 / 때는] 얌전히 먹어라.

❻ 축구를 하려고 [박으로 / 밖으로] 나갔다.

2. 된소리에 주의하며 다음 문장을 따라 써 보세요.

❶ 손을 깨끗이 씻었다.

❷ 떡을 몽땅 먹었다.

❸ 사냥꾼이 쫓아와요!

공부한 날짜 /

14 ㄱ과 ㄲ이 헷갈려요.

기초 알기

사과는 깍아 먹어야 할까요, 깎아 먹어야 할까요? 물론 깎아 먹어야 하겠지요. ㄲ이 받침으로 쓰이면 ㄱ으로만 소리가 나거나, 남은 ㄱ이 뒤로 가서 소리가 나요.

연필깎이 ➡ [깍기]

반대로 ㄱ이 ㄲ으로 발음될 때도 있답니다. 헷갈리는 ㄱ과 ㄲ을 확실하게 알아봐요.

기초 다지기

다음 낱말을 소리 내어 읽은 뒤 바르게 따라 써 보세요.

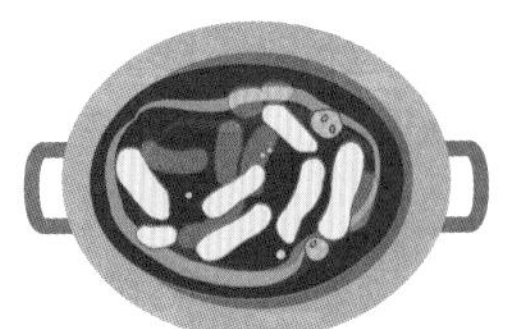

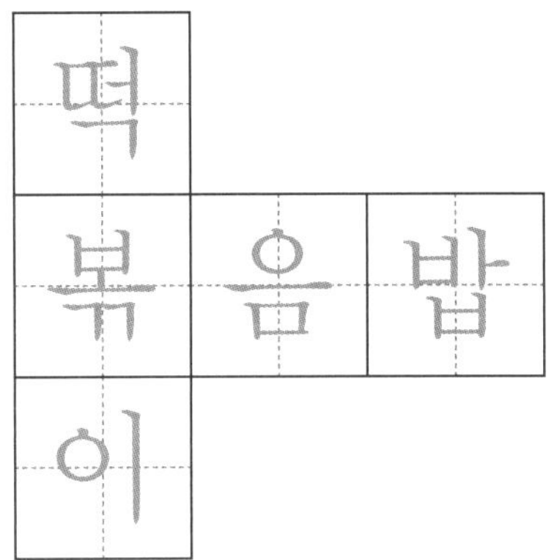

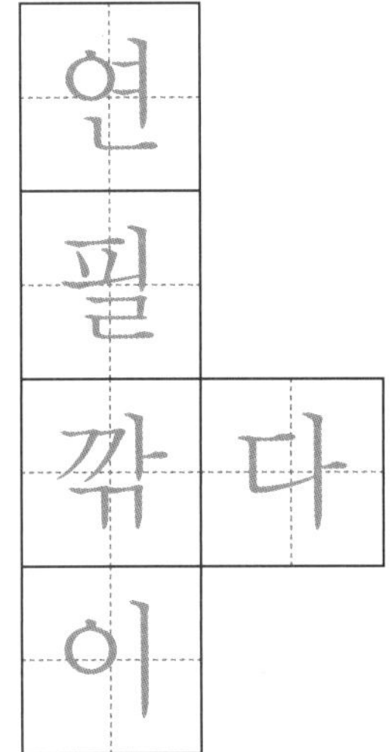

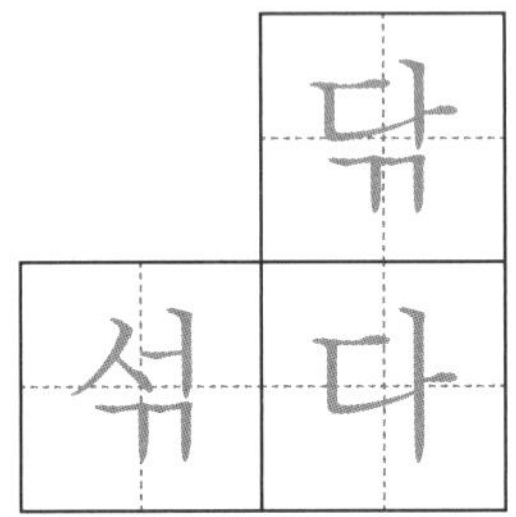

알맞은 글자를 찾아 색칠한 뒤 빈칸에 써 보세요.

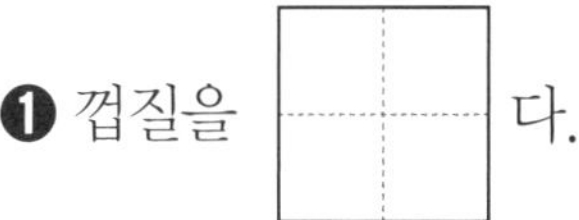

❶ 껍질을 ☐ 다.

깎 깍 갂

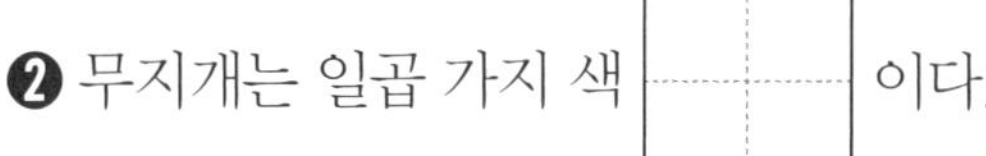

❷ 무지개는 일곱 가지 색 ☐ 이다.

갈 깔

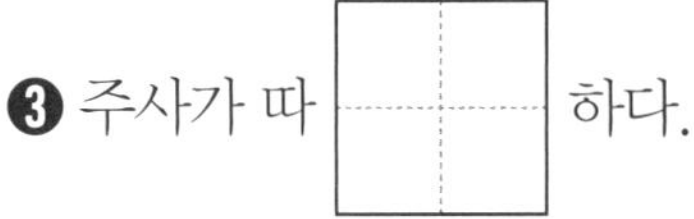

❸ 주사가 따 ☐ 하다.

금 끔 끕

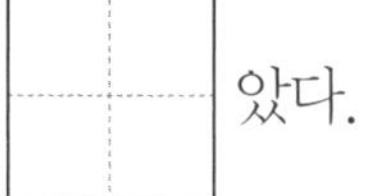

❹ 유리창을 깨끗하게 ☐ 았다.

닥 닦 닥

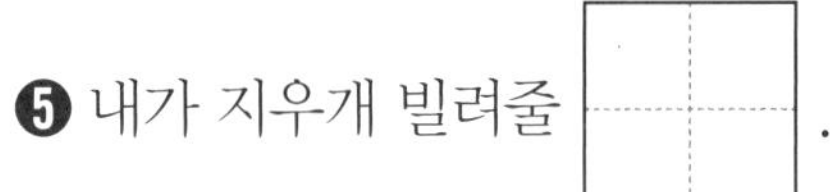

❺ 내가 지우개 빌려줄 ☐ .

게 께 개

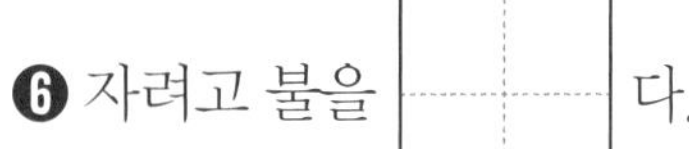

❻ 자려고 불을 ☐ 다.

겄 꼈 껐

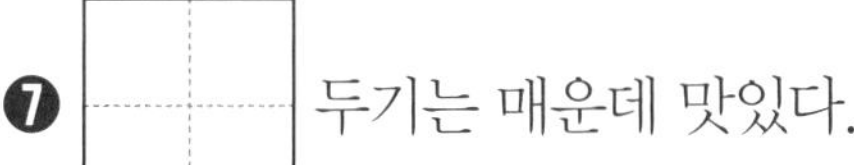

❼ ☐ 두기는 매운데 맛있다.

깍 각 깎

❽ 어떻게 가져갈 ☐ ?

가 카 까

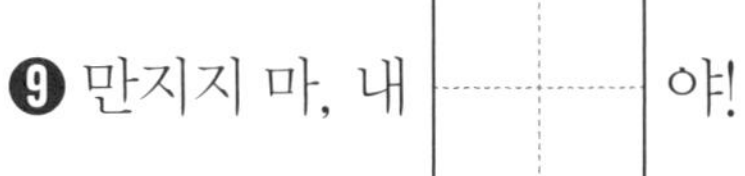

❾ 만지지 마, 내 ☐ 야!

꺼 거 껏

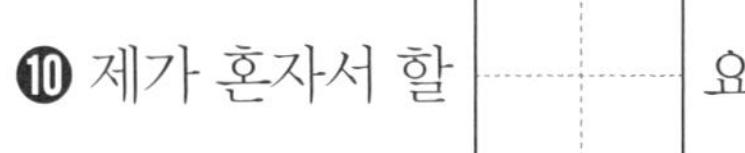

❿ 제가 혼자서 할 ☐ 요.

게 께 깨

공부한 날짜 /

15 '잇다'와 '있다'

기초 알기

➡ **잇다** : 끊어지지 않게 연결하다.

> 끊어진 실을 잇다.
> 점과 점을 이어 삼각형을 그렸다.

➡ **있다** : ① 사람이나 동물이 어느 곳에서 떠나거나 벗어나지 않고 머물다.
② 사람이나 동물이 어떤 상태를 유지하다.

> 민준이는 교실에 ①있는 동안
> 떠들지 않고 조용히 ②있었다.

기초 다지기

문장을 읽고 바른 낱말을 찾아 ○표를 한 뒤 옆의 빈칸에 쓰세요.

1. 끈과 끈을 서로 잇다. / 있다.

2. 연필은 필통 속에 잇다. / 있다.

3. 강아지가 방에 가만히 잇다. / 있다.

4. 줄을 이어 / 있어 서있다.

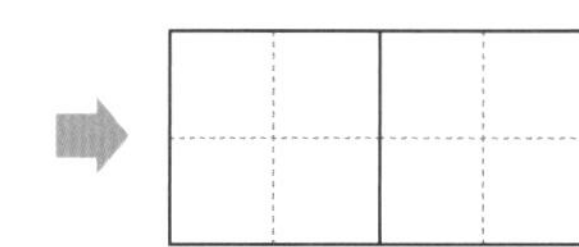

확실하게 익히기

다음을 소리 내어 읽고, 바르게 따라 쓰세요. 그리고 다음 줄에는 혼자서 써 보세요.

❶ 이 건 나 밖 에 없 을 걸 ?

❷ 글 씨 를 또 박 또 박 써 요 .

❸ 꽃 을 꺾 어 줄 게 요 .

❹ 유 리 창 을 깨 끗 이 닦 자 .

❺ 빨 간 색 점 끼 리 잇 는 다 .

❻ 내 연 필 깎 이 가 있 을 까 ?

공부한 날짜 /

16 받침 때문에 소리가 세게 나요.

기초 알기

받침 때문에 뒤에 오는 글자가 된소리로 소리가 날 때가 있어요. 'ㄱ, ㄷ, ㅂ, ㅅ, ㅈ'이 'ㄲ, ㄸ, ㅃ, ㅆ, ㅉ'으로 소리가 나게 된답니다. 다음 글자들을 소리 내어 읽어 보세요.

글자 → [글짜]

약국 → [약꾹]

왜 이렇게 소리가 날까요? 그것은 더 편하게 발음하기 위해서예요. 글자를 [글자]라고 발음해보세요. 어색한 느낌이 들고 빠르게 읽기 어려워요. 그래서 뒤의 'ㅈ'을 'ㅉ'으로 바꾸어 발음하는 거예요. 물론 약국도 마찬가지랍니다. 조심해야 하는 점은 **쓸 때는 소리 나는 대로 쓰면 안 된다는** 것이에요. '글짜'나 '약꾹'이라고 쓰면 틀린답니다.

기초 다지기

1. 다음 낱말을 따라 쓰고 소리 내어 읽어 보세요.

❶ 학교 학교

❷ 산길 산길

❸ 국수 국수

❹ 길가 길가

❺ 책상 책상

❻ 물감 물감

❼ 꽃밭 꽃밭

❽ 등불 등불

❾ 듣기 듣기

❿ 봄비 봄비

연습하기

다음 글을 읽고 틀린 낱말을 찾아 X표를 한 뒤, 옆의 빈칸에 올바른 낱말로 고쳐 쓰세요.

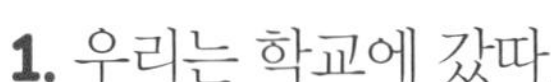

1. 우리는 학교에 갔따.

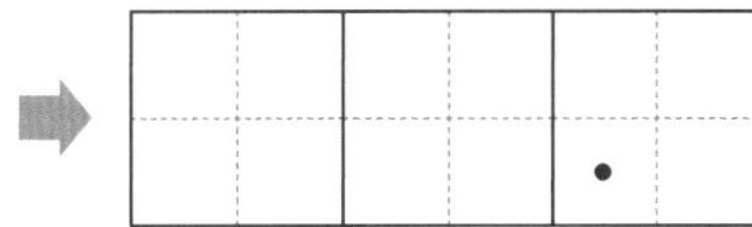

2. 햇쌀이 눈부시다.

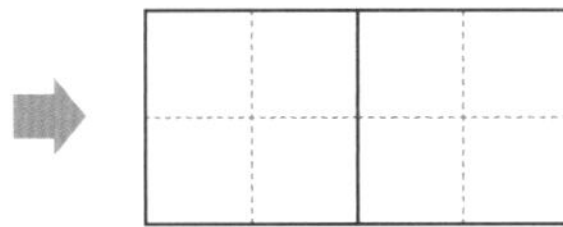

3. 창문을 깨끗이 닦따.

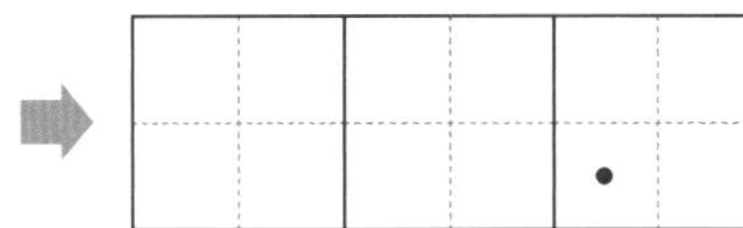

4. 새 신을 신꼬 뛰었다.

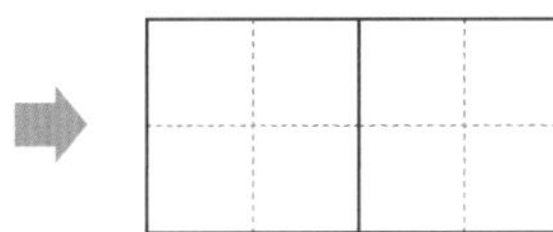

5. 무지개 물꼬기

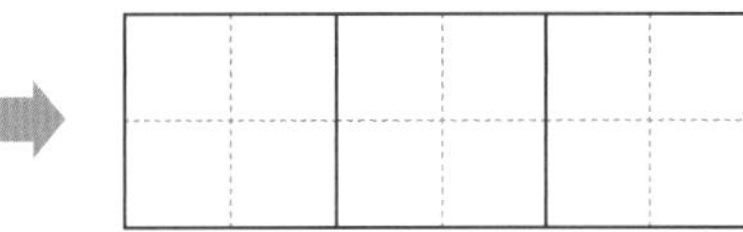

6. 꽃따발이 예쁘다.

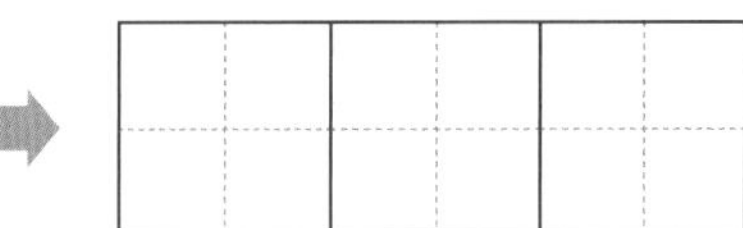

7. 기찻낄은 위험해요.

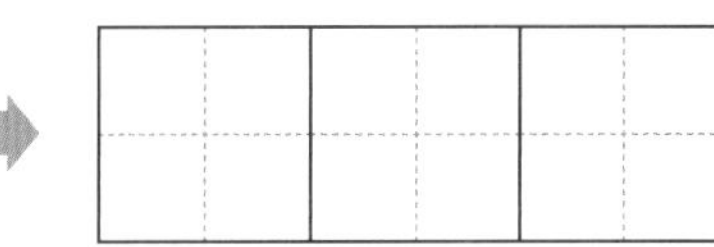

8. 호랑이가 갑짜기 나타났다.

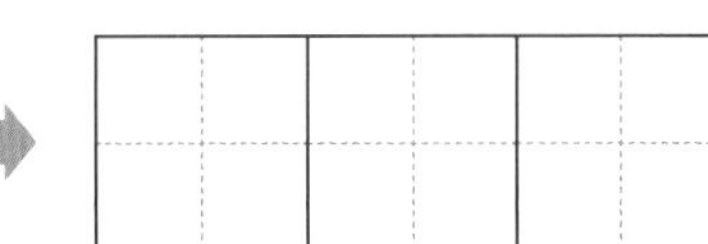

9. 맛있께 간식을 먹었다.

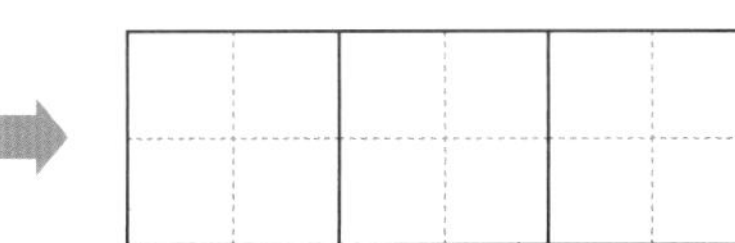

10. 찰흙을 납짝하게 눌렀다.

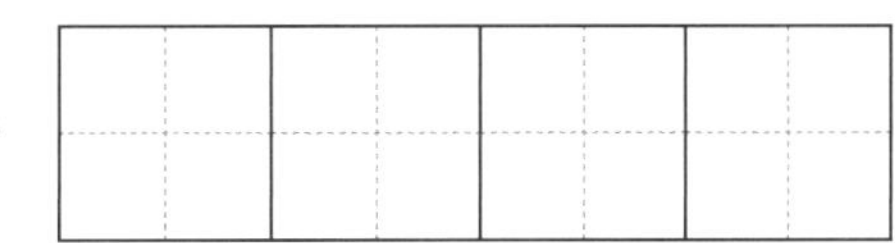

공부한 날짜 /

17 'ㄷ'과 'ㅌ' 받침이 'ㅈ'과 'ㅊ'으로 소리 나요.

기초 알기

'ㄷ'과 'ㅌ' 받침 뒤에 '이'나 '히' 그리고 '야, 여, 요, 유'나 '혀'가 있으면 받침이 뒤로 가서 'ㅈ'과 'ㅊ'으로 바뀌어 소리가 나요. 다음 단어를 살펴 보세요.

해돋이		[해도지]
같이	➡	[가치]
닫히다		[다치다]

'ㄷ' 받침은 뒤로 가서 'ㅈ'으로 소리가 나고, 'ㅌ' 받침은 뒤로 가서 'ㅊ'으로 소리가 나지요? 하지만 소리 나는 그대로 쓰면 틀린답니다. 특히 '닫히다'는 소리 나는 그대로 '다치다'라고 쓰면 전혀 다른 뜻이 돼요. 쓸 때는 받침을 원래 자리에 맞게 쓰고 읽을 때만 'ㅈ'과 'ㅊ'으로 읽어요.

기초 다지기

1. 다음 낱말을 따라 쓰고 소리 내어 읽어 보세요.

❶ 굳이 굳이 ❷ 같이 같이

❸ 맏이 맏이 ❹ 끝이 끝이

2. 다음 문장을 따라 쓰고 소리 내어 읽어 보세요.

❶ 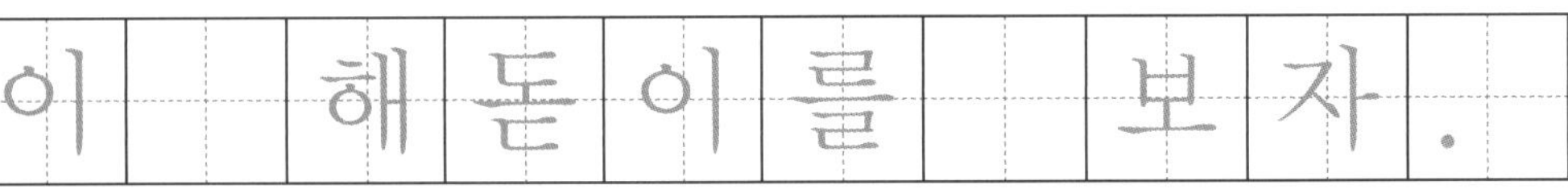

❷ 나는 감옥에 갇혔다.

다음 낱말의 뜻을 살피면서 빈칸을 소리 내어 읽은 뒤 따라 쓰세요.

1. 여러 형제자매 가운데서 첫째인 사람 = 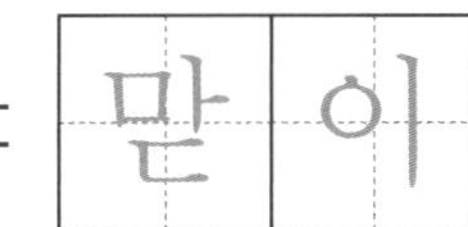

2. 고집을 부려 구태여 = 굳이

3. 둘 이상의 사람이나 사물이 함께 = 같이

4. 모양, 태도, 행동 따위가 닮아 아주 비슷하게 = 똑같이

5. 빈틈없이 모조리 = 샅샅이

6. 하나하나 빠짐없이 모두 = 낱낱이

7. 금속, 쇠로 된 도구 = 쇠붙이

8. 해가 막 솟아오르는 때 = 해돋이

9. 물건이 흙이나 다른 물건 속에 넣어 보이지 않게 쌓아 덮어지다. = 묻히다

10. 열린 문이나 뚜껑, 서랍이 제자리로 가게 되다. = 닫히다

공부한 날짜 /

18 부치다와 붙이다.

기초 알기

➡ **부치다** : 편지나 물건 따위를 방법을 써서 상대에게로 보내다.

나는 서영이에게 편지를 부친다.

➡ **붙이다** : 무엇에 닿아서 떨어지지 않게 하다.

동생이 공책에 스티커를 붙인다.

기초 다지기

1. 다음 그림에 어울리는 낱말을 써 보세요.

❶ 

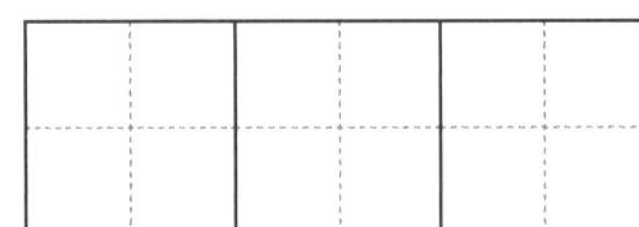

❷  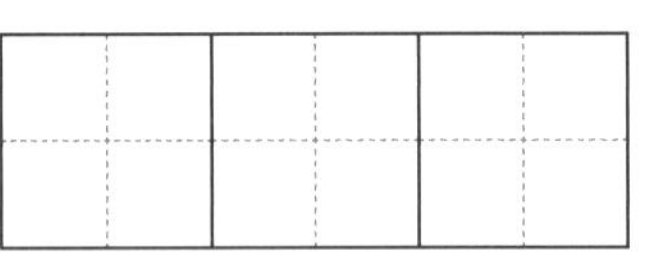

2. 글을 읽고 빈칸에 들어갈 알맞은 낱말을 써 보세요.

❶ 풀로 색종이 두 장을 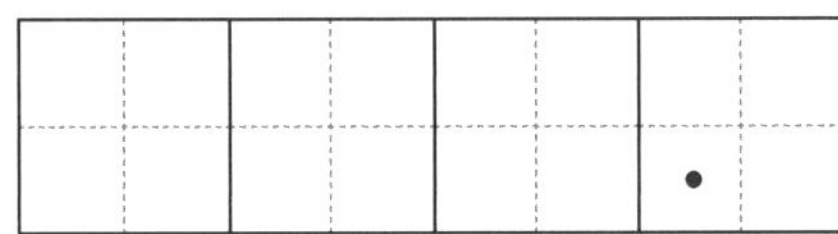

❷ 친구에게 편지를 

확실하게 익히기

다음을 소리 내어 읽고, 바르게 따라 쓰세요. 그리고 다음 줄에는 혼자서 써 보세요.

❶ 같이 꽃밭으로 갔다.

❷ 국수를 먹고 싶어요.

❸ 샅샅이 찾아 보았니?

❹ 갑자기 문이 닫혔다.

❺ 편지를 붙였다.

❻ 예쁜 스티커를 붙였다.

공부한 날짜 /

19 겹받침을 배워요.

기초 알기

같은 모양의 자음만 합칠 수 있는 건 아니에요. 받침으로 쓸 때는 다른 모양의 자음도 합칠 수 있답니다. 'ㄳ, ㄵ, ㄶ, ㄺ, ㄻ, ㄼ, ㄽ, ㄾ, ㄿ, ㅀ, ㅄ'이 있어요. 이것을 겹받침이라고 해요. 그리고 된소리 중에 'ㄲ'과 'ㅆ'도 받침으로 쓰인답니다.

된소리와 똑같이 왼쪽 자음을 먼저 쓰고 오른쪽 자음을 써요. 이때, 한 받침 안에 두 개의 자음을 써야 하니 평소에 쓸 때보다 더 작게 써야 해요. 그렇지 않으면 모양이 이상하게 되겠지요?

기초 다지기

다음 낱말을 소리 내어 읽은 뒤 바르게 따라 써 보세요.

❶ 

ㄴ + ㅈ = ㄵ

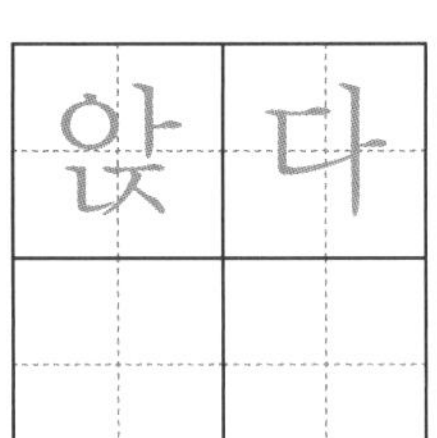

❷ 

ㄴ + ㅎ = ㄶ

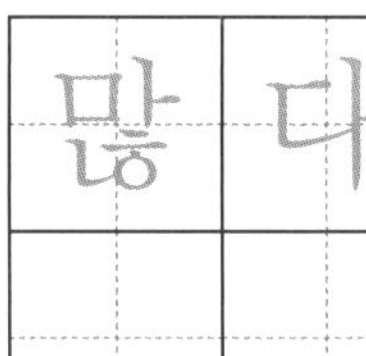

❸ 

ㄹ + ㄱ = ㄺ

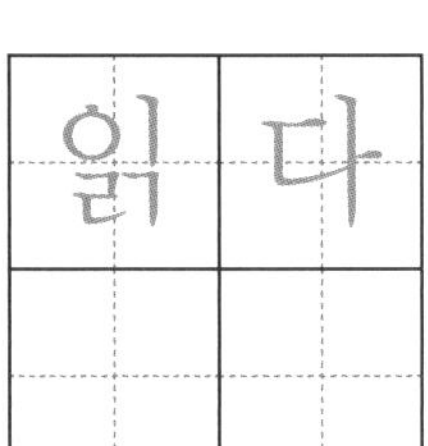

❹ 

ㄹ + ㅂ = ㄼ

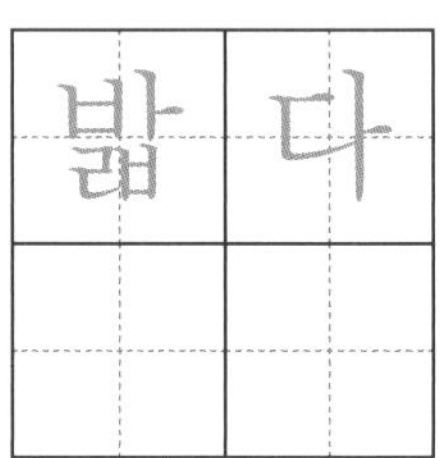

❺ 

ㄹ + ㅌ = ㄾ

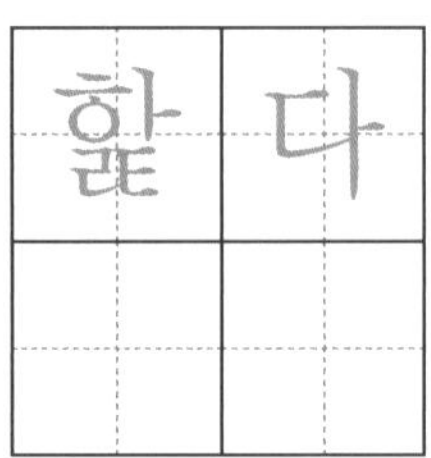

❻ 

ㄹ + ㅎ = ㅀ

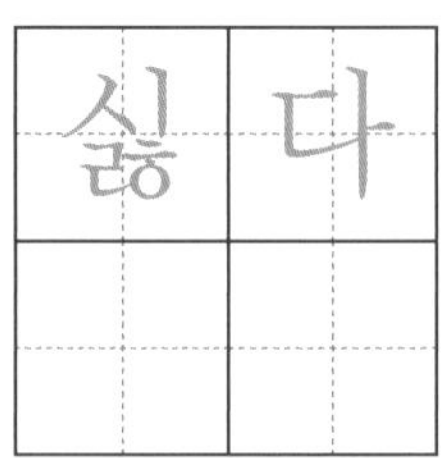

1. 다음 글을 읽고 둘 중에 맞는 낱말을 찾아 ○표를 해 봅시다.

① 할머니가 사탕을 (**많이** / **마니**) 주셨다.

② 나와 동생의 (**목** / **몫**)을 반씩 나눴다.

③ 의자에 (**안자** / **앉아**) 막대사탕을 (**핥아** / **할타**) 먹었다.

④ 사탕을 먹으며 (**얇은** / **얄븐**) 두께의 동화책을 (**일겄다.** / **읽었다.**)

⑤ 동화책에 나오는 동시를 큰 소리로 (**읊었다.** / **을펐다.**)

⑥ 할머니가 옥수수와 고구마를 (**살마** / **삶아**) 주셨다.

⑦ 맛있어서 빨리 먹다 보니 금방 (**업써** / **없어**) 졌다.

⑧ 할머니가 선반에 그릇을 (**얹어** / **언저**) 두셨다.

2. 다음 밑줄 친 말과 반대되는 말을 위에서 찾아 쓰세요.

❶ 추워서 **두꺼운** 이불을 덮었다. ⟺ 

❷ 한 시간 동안 **서** 있다. ⟺ 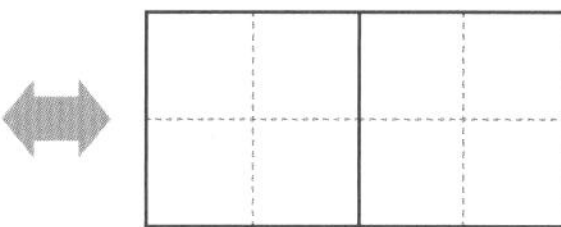

❸ 밥을 **적게** 먹어서 배고팠다. ⟺ 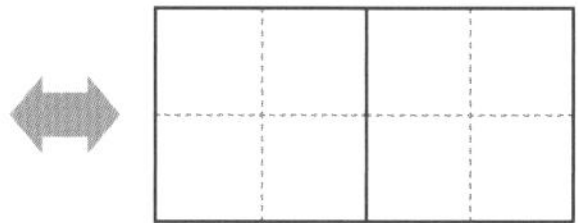

❹ 머리맡에 선물이 **있다.** ⟺ 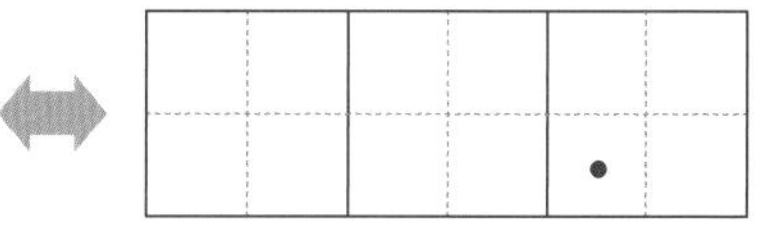

공부한 날짜 /

20 ㄹ이 들어간 겹받침을 알아봐요.

기초 알기

겹받침이 들어 있는 낱말은 앞에 있는 자음만 소리가 납니다. 뒤에 있는 자음은 사라지거나 뒤에서 소리가 나요.

짧은  [짤븐]

'짧은'은 [짤븐]으로 소리 내서 읽어야 해요. 하지만 소리 나는 그대로 '짤븐'이라고 쓰면 안 되겠지요? 이제부터 ㄹ이 들어간 겹자음 ㄺ, ㄻ, ㄼ, ㄾ, ㄿ, ㅀ 을 배워 보아요.

기초 다지기

다음 낱말들을 따라 쓰고 소리 내어 읽어 보세요.

1. 삶 다 | 삶 다 | |
2. 짧 다 | 짧 다 | |
3. 핥 다 | 핥 다 | |
4. 읊 다 | 읊 다 | |
5. 잃 다 | 잃 다 | |
6. 수 탉 | 수 탉 | |

연습하기

우주선을 타고 올바른 낱말을 따라가 태양까지 가보세요.

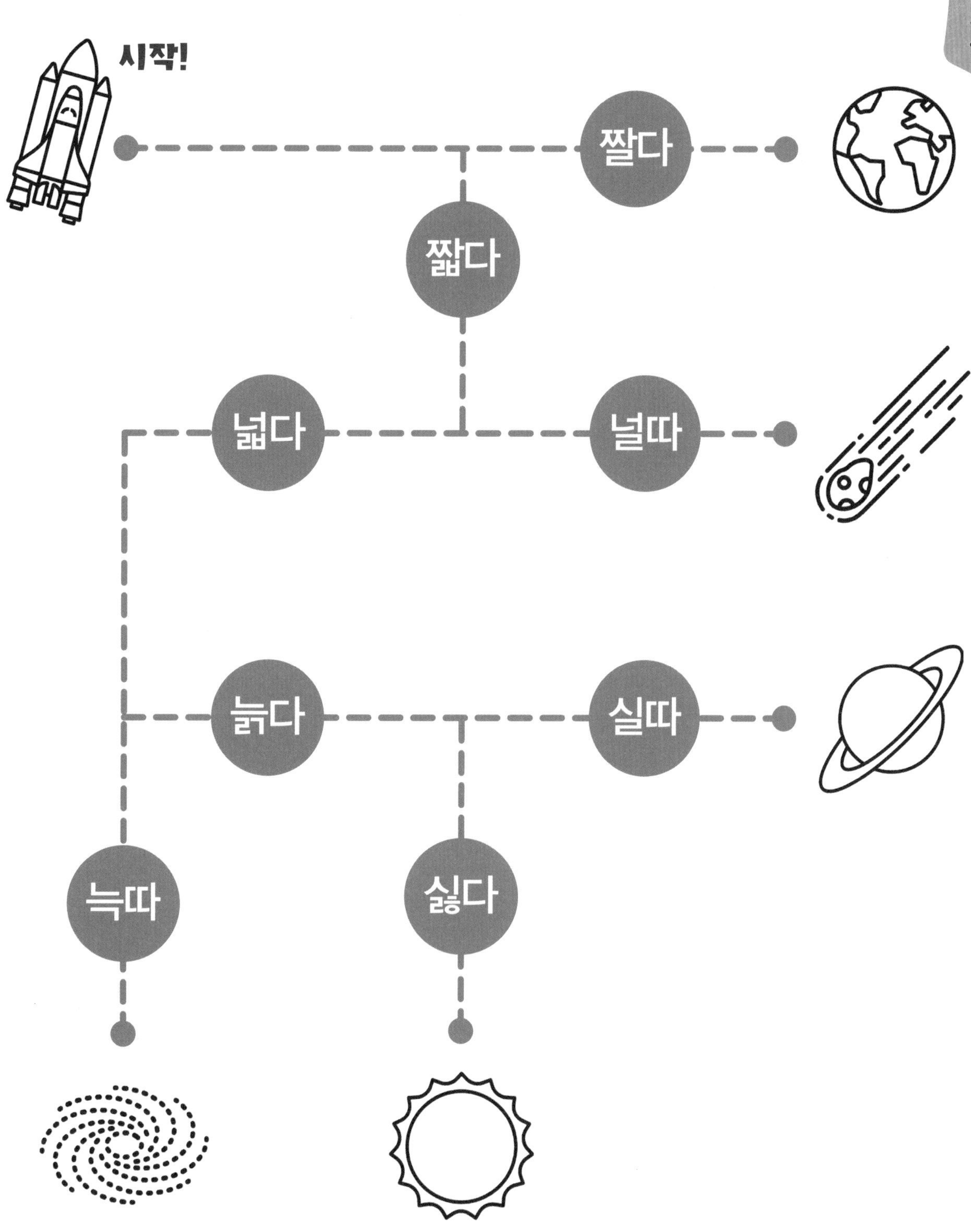

공부한 날짜 /

21 '안'과 '않'

기초 알기

➡ **안** : '아니'의 줄임말.

가방을 아니 가져왔다. → 가방을 안 가져왔다.

➡ **않** : '아니하'의 줄임말. 혼자 쓰이지 않고 항상 '~지'와 붙어 '~지 않~'로 쓰입니다.

가방을 가져오**지** 아니하였다.
→ 가방을 가져오**지** 않았다.

➡ '안/않'을 지웠을 때 말이 되면 '안'이고 안 되면 '않'이에요.

너랑 안 놀 거야. →
너랑 ~~안~~ 놀 거야. → 너랑 놀 거야. (O)
먹지 않을 거야. →
먹지 ~~않~~을 거야. → 먹지 을 거야. (X)

기초 다지기

1. 글자를 연결하여 알맞은 문장을 만들어 보세요.

동생은 피망을 •	• 안	• 았어요.
나는 잘못하지 •	• 않	• 먹어요.

2. '안'과 '않'에 주의하며 다음 문장을 따라 써 보세요.

❶ 뛰어다니면 안 돼요.

❷ 나는 하지 않았어요.

확실하게 익히기

다음을 소리 내어 읽고, 바르게 따라 쓰세요. 그리고 다음 줄에는 혼자서 써 보세요.

1. 나가기 싫어.

2. 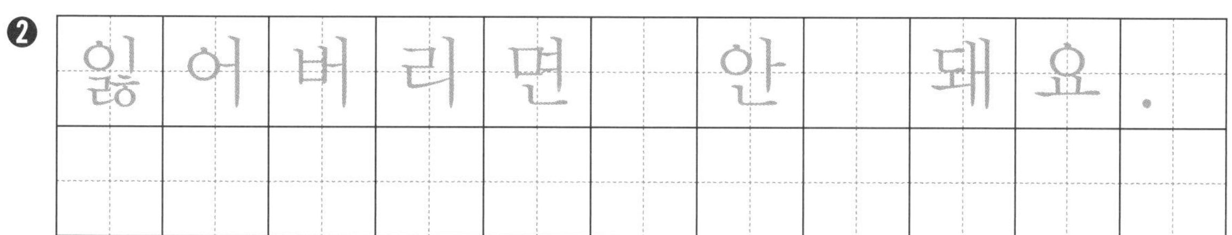

3. 발을 밟지 않았어요.

4. 내 몫을 나누어 줄게.

5. 동화책을 많이 읽었다.

6. 고구마를 삶지 않았다.

공부한 날짜 /

22 'ㅎ' 받침 때문에 거센 소리가 나요.

기초 알기

받침 'ㅎ'이나 ㅎ이 들어간 겹받침 'ㄶ, ㅀ' 뒤에 'ㄱ, ㄷ, ㅈ'이 오면 [ㅋ, ㅌ, ㅊ]으로 바뀌어 소리가 나요.

닿고 → [다코]

닿다 → [다타]

닿지 → [다치]

위의 단어를 소리 내어 읽어 보면 받침 ㅎ은 소리가 나지 않습니다. 하지만 ㅎ이 있다는 것을 생각하여 글자를 써야 합니다. '다치'라고 쓴다면 무슨 뜻인지 알 수 없겠죠?

기초 다지기

문장을 읽고 바른 낱말을 찾아 ○표를 한 뒤 빈칸에 따라 쓰세요.

1. 손을 [놓지 / 노치] 말아라.

2. 머리를 [따치 / 땋지] 않았다.

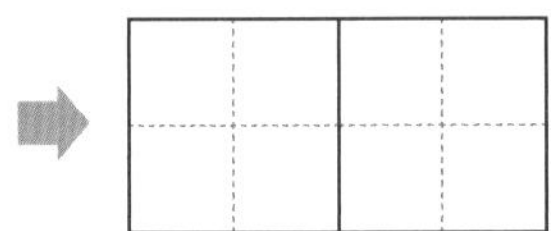

3. [그렇게 / 그러케] 하면 안 된다.

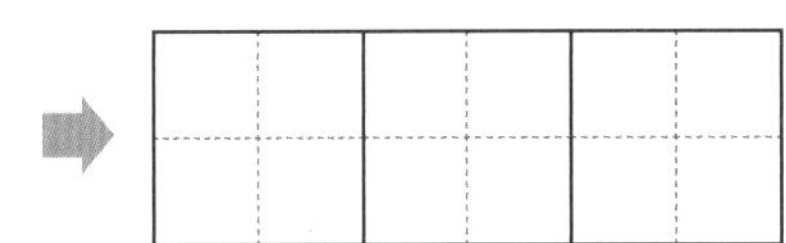

4. 눈이 정말 [하얗다. / 하야타.]

연습하기

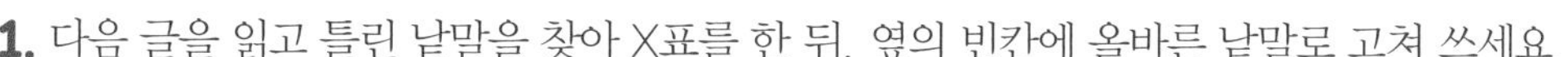

1. 다음 글을 읽고 틀린 낱말을 찾아 X표를 한 뒤, 옆의 빈칸에 올바른 낱말로 고쳐 쓰세요.

❶ 상자를 차곡차곡 싸타. ➡

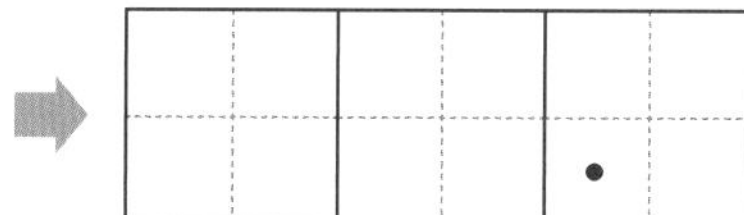

❷ 닭이 알을 나타. ➡

❸ 머리를 예쁘게 따코 갔다. ➡

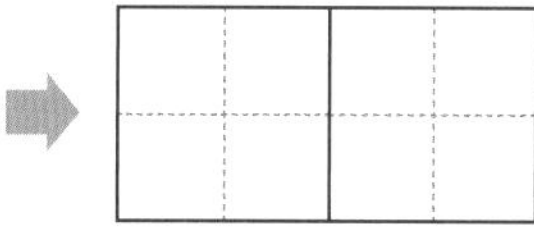

❹ 거기에 가방을 노코 와라. ➡

❺ 너무 높아 손이 다치 않는다. ➡

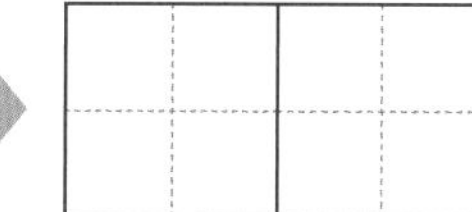

❻ 파라케 하늘을 칠했다. ➡

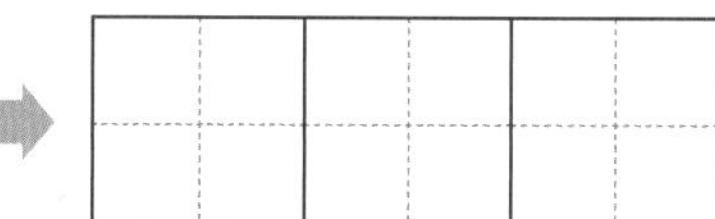

❼ 이러케 하면 되니? ➡

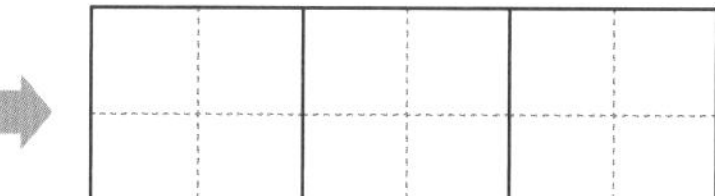

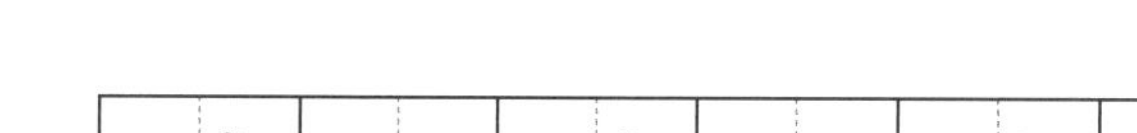

2. 'ㅎ' 받침에 주의하며 다음 문장을 따라 써 보세요.

❶ 얼굴이 빨갛구나.

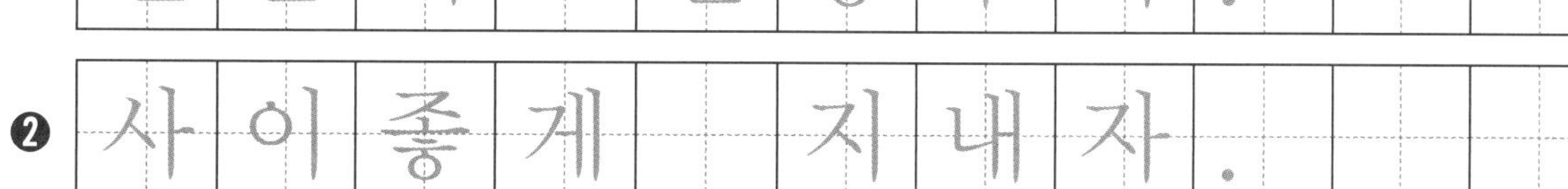

❷ 사이좋게 지내자.

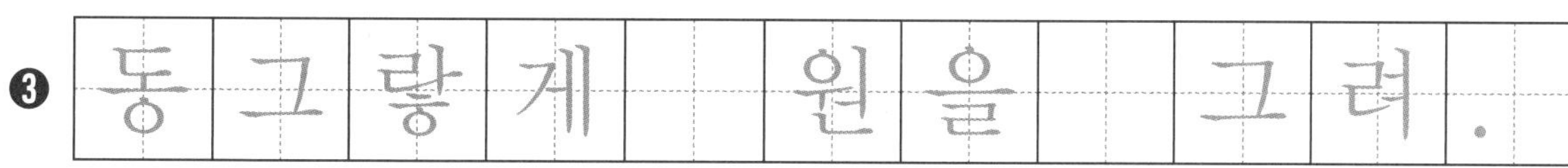

❸ 동그랗게 원을 그려.

공부한 날짜 /

23 'ㅘ'와 'ㅝ'를 배워요.

기초 알기

[ㅜ]를 발음하다가 [ㅓ]를 빠르게 발음하면 [ㅝ]가 됩니다. 이때 [ㅓ]만 발음되지 않도록 주의해야 합니다. 구별하여 소리 내지 않으면 듣는 사람이 'ㅓ'로 잘못 들을 수도 있어요.

나눠요 (O) 나너요 (X)

[ㅘ]는 [ㅗ]를 발음하다가 빠르게 [ㅏ]를 발음하면 됩니다. 그런데 [ㅘ]가 [ㅏ]로 소리 내는 경우가 종종 있습니다. 그래서 [ㅘ]와 [ㅝ]를 읽을 때는 정확하게 발음해야 합니다.

봐요 (O) 바요 (X)

기초 다지기

다음 낱말을 소리 내어 읽은 뒤 바르게 따라 써 보세요.

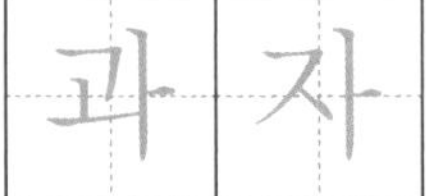

화가

전화

사과

궁궐

공원
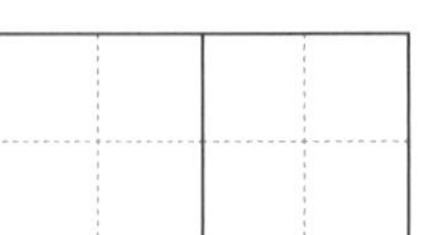

1. 다음 글을 읽고 틀린 낱말을 찾아 X표를 한 뒤, 옆의 빈칸에 올바른 낱말로 고쳐 쓰세요.

❶ 한 달 동안 일하여 받는 돈.

월급
용돈

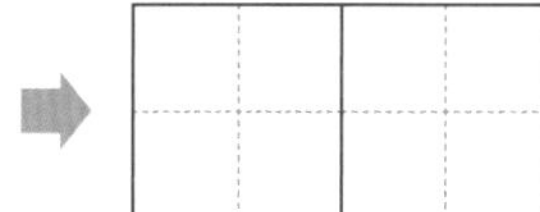

❷ 틀림없이 그러한가를 알아보거나 인정함

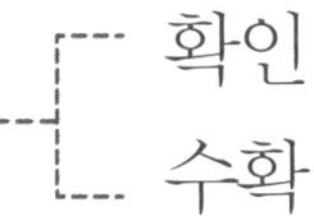

❸ 임금이 머리에 쓰는 관.

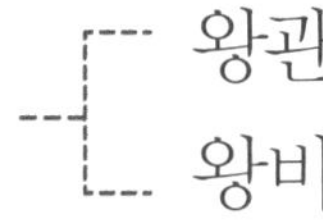

❹ 바라고 원함. 또는 바라고 원하는 일.

❺ 환자를 진찰하고 치료하는 곳.

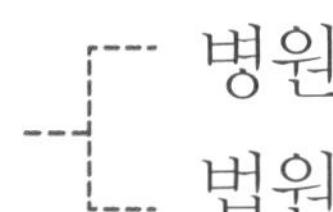

2. 다음 그림을 보고 십자말풀이를 하세요.

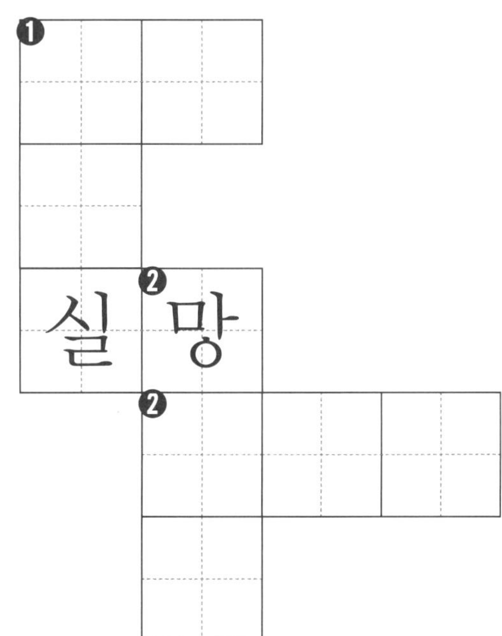

공부한 날짜 /

24 '싸다'와 '쌓다'

기초 알기

➡ **싸다** : ① 물건이나 사람을 종이나 천 등으로 씌우다.
② 어떤 물건을 다른 곳으로 옮기기 위하여 상자, 끈 천 등을 써서 꾸리다.

> 나는 선물을 포장지에 ①싸서 연우에게 주었다.
> 어머니가 도시락을 ②싸 주셨다.

➡ **쌓다** : ① 여러 개의 물건을 겹겹이 포개다.
② 경험, 기술, 지식을 거듭 익혀 많이 이루다.

> 지수 : 수학책을 산더미처럼 ①쌓아 놓고 뭐 해?
> 건우 : 나 곧 수학 시험이 있어서 이 책을 다 공부할 거야.
> 지수 : 수학 실력을 많이 ②쌓겠구나.

기초 다지기

알맞은 글자를 찾아 색칠한 뒤 빈칸에 써 보세요.

1. 도시락을 ☐ 갔다. ➡ 싸 / 쌓

2. 물건을 높이 ☐☐ 놨다. ➡ 쌓아 / 싸아

3. 선물을 포장지에 ☐☐. ➡ 쌓다 / 쌌다

확실하게 익히기

다음을 소리 내어 읽고, 바르게 따라 쓰세요. 그리고 다음 줄에는 혼자서 써 보세요.

❶ 이렇게 하면 쉬워.

❷ 동그랗게 그려 봐요.

❸ 어떻게 나눠야 좋을까?

❹ 도화지를 줘서 고마워.

❺ 책을 쌓아 놓고 있다.

❻ 과일을 보자기에 쌌다.

공부한 날짜 /

25 서로 소리가 비슷해져요.

기초 알기

어떤 자음들은 같이 쓰일 때 서로 닮은 소리로 바뀔 때가 있어요. 앞말의 받침이 바뀔 때도 있고 뒷말의 첫소리가 바뀔 때도 있지요. 그리고 앞말과 뒷말 모두가 바뀔 때도 있어요.

달님 ➡ [달림]

국물 ➡ [궁물]

국립 ➡ [궁닙]

이렇게 바뀌는 이유는 쉽게 발음하기 위해서예요. 하지만 글로 쓸 때는 본래 글자로 써야 합니다.

기초 다지기

다음 낱말을 소리 내어 읽은 뒤 바르게 따라 써 보세요.

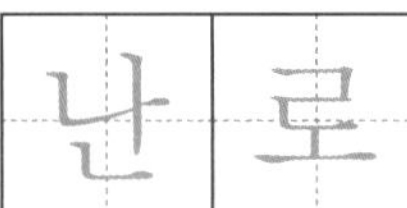

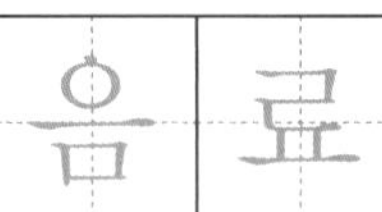

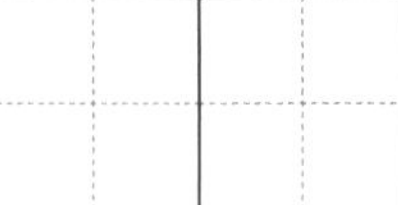

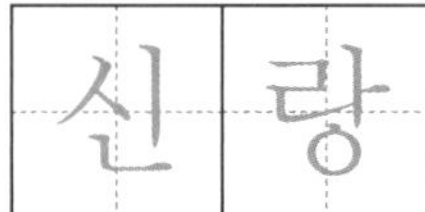

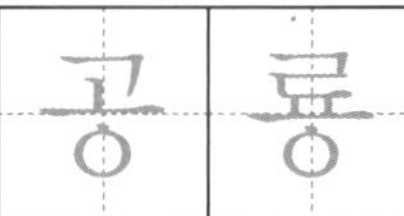

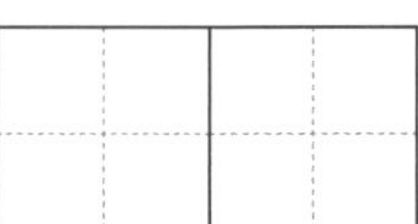

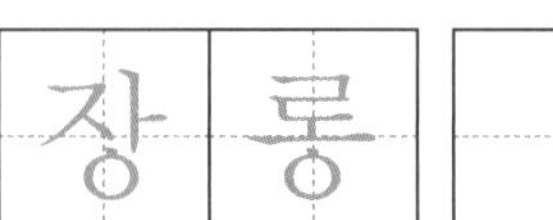

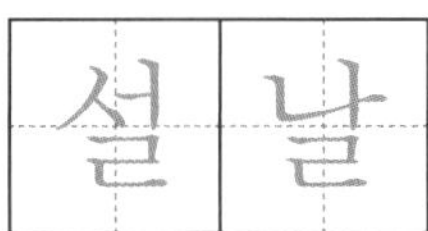

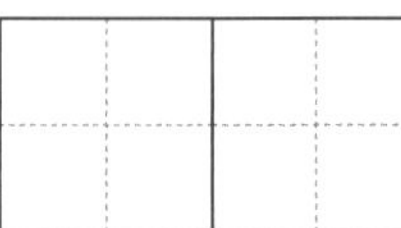

1. 다음 글을 읽고 밑줄 친 부분을 옆의 빈칸에 올바른 낱말로 고쳐 쓰세요.

❶ 나는 월래 책 읽기를 좋아해.

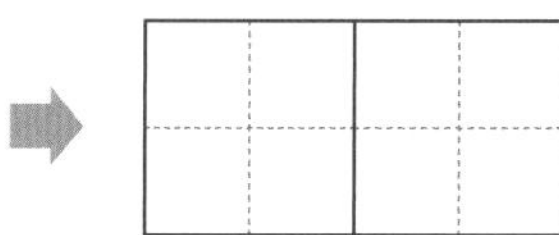

❷ 날로 가까이 가니 따뜻하다.

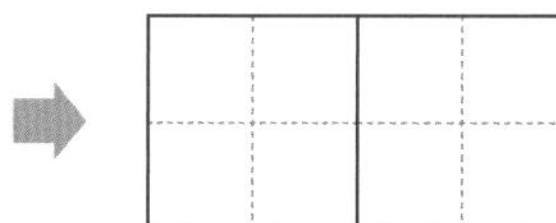

❸ 홍수 때문에 물랄리가 났다.

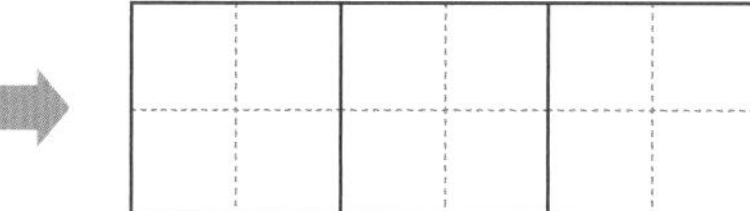

❹ 별라라까지 우주선을 타고 가자.

❺ 열두 시가 되면 문을 단는다.

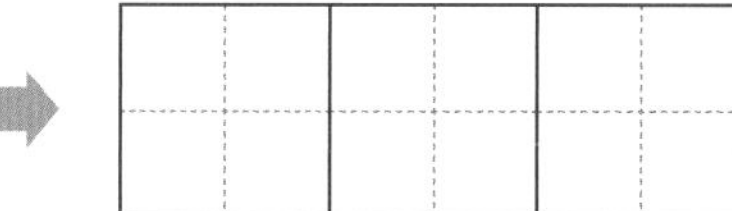

❻ 나는 밥을 많이 멍는다.

❼ 이 연필깎이는 참 펼리하다.

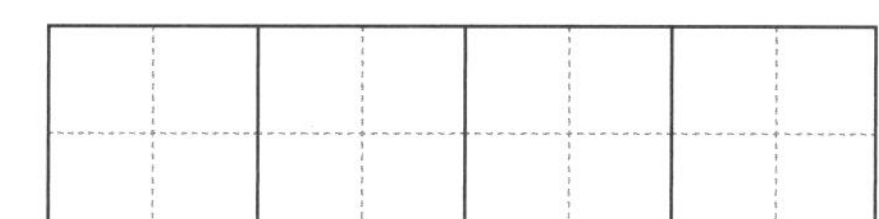

2. 낱말에 주의하며 다음 문장을 따라 써 보세요.

❶
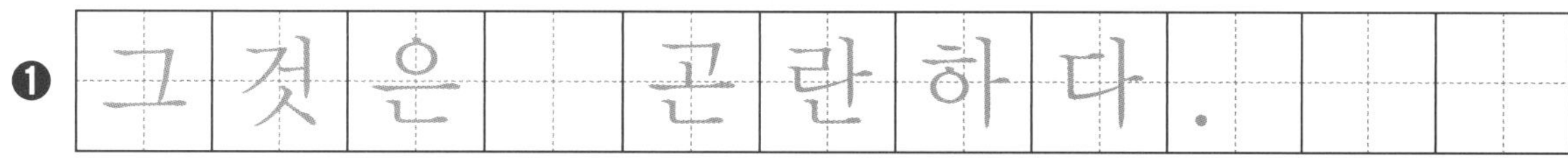

❷ 나랑 같이 협력하자.

❸ 급류에 떠내려 갔다.

공부한 날짜 /

26 'ㅟ'와 'ㅢ'를 배워요.

기초 알기

[ㅜ]를 발음할 때처럼 입술을 둥글게 하고서 [ㅣ]를 발음하면 [ㅟ]라고 소리 납니다. 이때, [ㅣ]와 구별하여 소리 내야 해요.

바뀌다 (O) 바끼다 (X)

[ㅡ]를 발음하다가 빠르게 [ㅣ]라고 발음하면 [ㅢ]가 됩니다. 하지만 '희망'이나 '무늬'는 [히망]과 [무니]라고 발음합니다. [ㅣ]로 소리 나더라도 쓸 때는 'ㅢ'로 써야 합니다.

의자 (O) 을자 (X)
예의 (O) 예이 (X)

기초 다지기

다음 낱말을 소리 내어 읽은 뒤 바르게 따라 써 보세요.

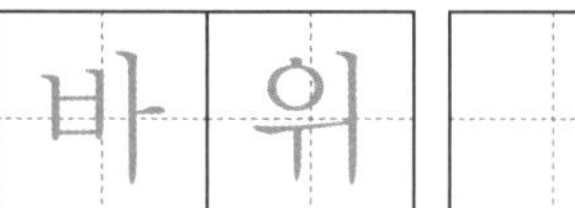

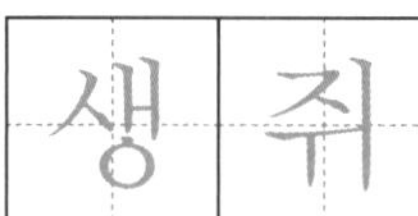

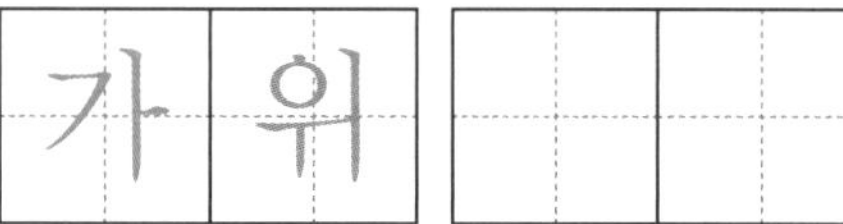

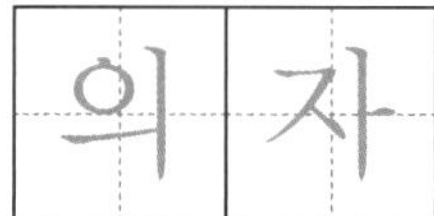

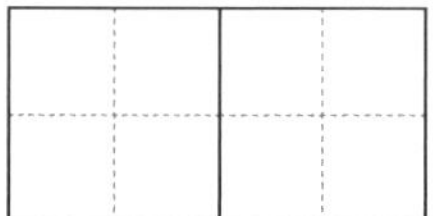

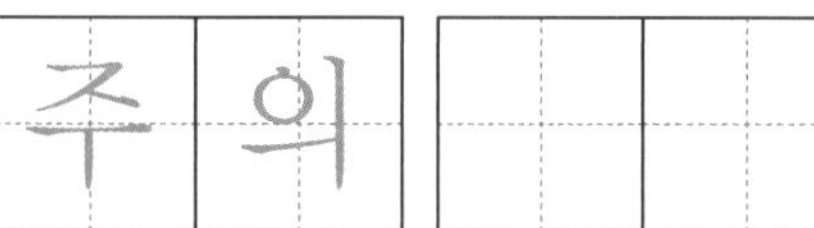

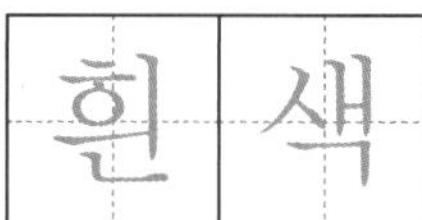

연습하기

1. 문장을 읽고 바른 낱말에 ○표를 한 뒤 빈칸에 따라 쓰세요.

❶ 꽃(**무니** / **무늬**) 치마를 샀다.

❷ (**나의** / **나에**) 책이다.

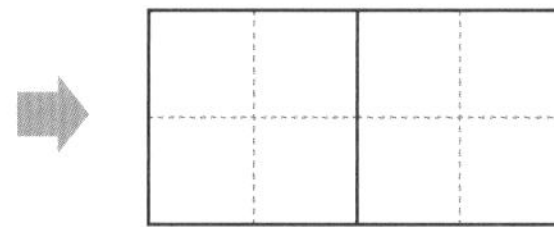

❸ 넘어지지 않게 (**주이** / **주의**)하세요.

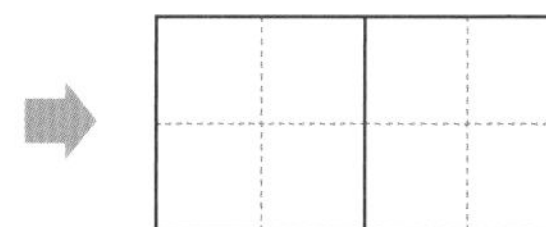

❹ (**희망** / **히망**)을 버리지 마세요.

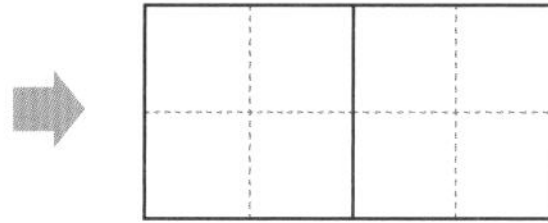

❺ 이 문제는 너무 (**시워요** / **쉬워요**).

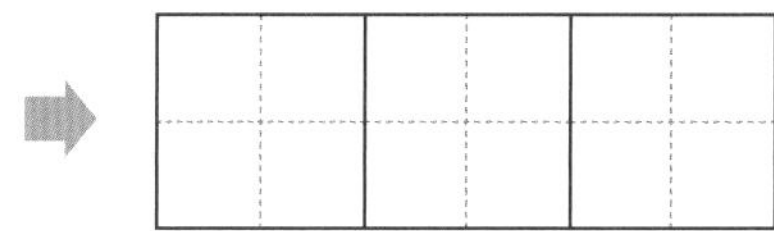

❻ 가방이 서로 (**바끼다** / **바뀌다**).

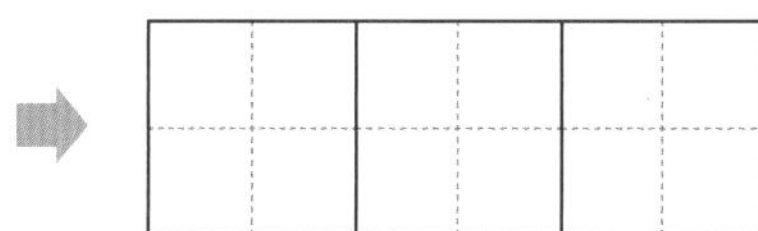

❼ 추워서 (**귀마개** / **기마개**)를 했다.

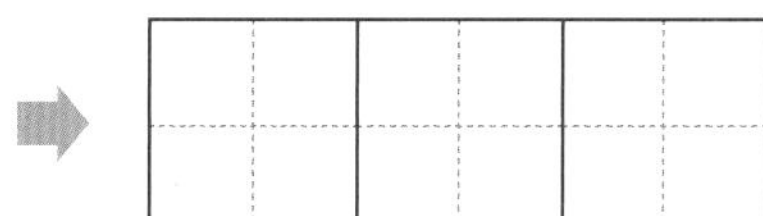

2. 낱말에 주의하며 다음 문장을 따라 써 보세요.

❶
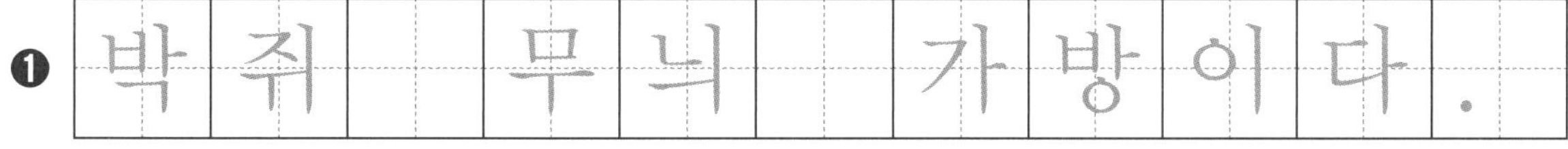

❷
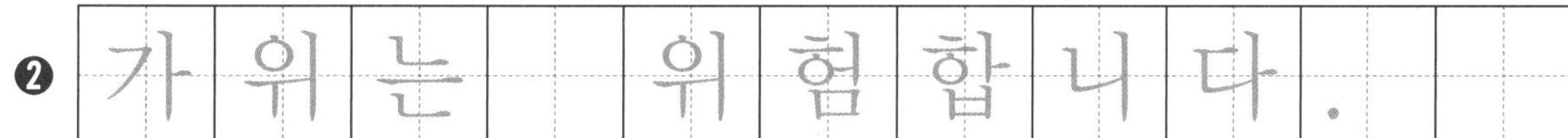

❸
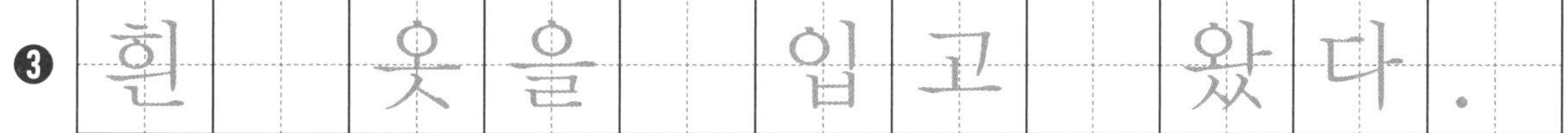

공부한 날짜 /

27 '띄다'와 '띠다'

기초 알기

➡ **띄다** : ① 눈에 보이다, 다른 것보다 두드러지게 보이다.
② 떨어뜨리다.

단어를 ②띄어 쓰지 않은 것이 눈에 ①띄었다.

➡ **띠다** : ① 빛깔이나 색채를 가지다.
② 감정이나 기운을 나타내다.

빨간빛을 ①띠는 카네이션을 엄마께 드리니 엄마가 미소 ②띤 얼굴을 지었다.

기초 다지기

1. 문장을 읽고 바른 낱말을 찾아 ○표를 해 봅시다.

❶ 노란색을 [띤 / 띈] 개나리가 예쁘다.

❷ 멀리서도 민지가 눈에 [띠었다. / 띄었다.]

2. 다음 문장을 읽고 빈칸에 알맞은 낱말을 넣어 보세요.

❶ 글자를 바르게 ☐☐ 썼구나.

❷ 분홍빛을  장미로 꽃다발을 만들었다.

❸ 얼굴 가득 미소를 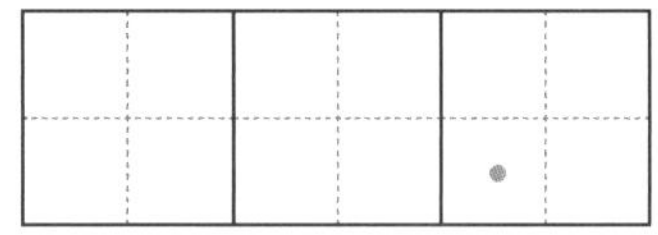

확실하게 익히기

다음을 소리 내어 읽고, 바르게 따라 쓰세요. 그리고 다음 줄에는 혼자서 써 보세요.

❶ 난로는 편리하다.

❷ 설날이 되면 연락할게.

❸ 흰색에 검정 줄무늬다.

❹ 의자에 앉아서 쉬었다.

❺ 띄어쓰기는 정말 쉽다.

❻ 멀리서도 눈에 띄었다.

공부한 날짜 /

28 글자가 다른데 소리가 같아요.

기초 알기

글자가 달라도 소리 내었을 때 똑같이 소리 나는 낱말이 있어요. 다음 두 낱말을 읽어 보세요.

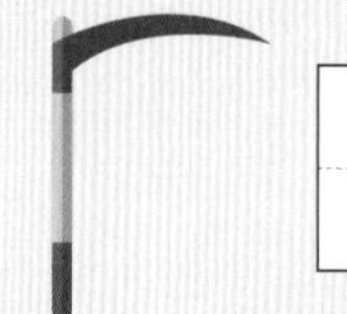

다른 받침에 다른 뜻이지만 둘 다 똑같은 소리가 나지요? 그러니 뜻에 맞는 글자를 정확하게 익혀 두어야 합니다. 또 받아쓰기 할 때는 뜻을 잘 생각하면서 들어야 해요.

기초 다지기

문장을 소리 내어 읽은 뒤 밑줄 친 낱말이 문장 속에서 쓰인 뜻을 찾아 동그라미 하세요.

1. 엄마가 콩나물을 <u>무쳤습니다.</u>

❶ 양념을 넣고 골고루 한데 뒤섞었습니다. ( )

❷ 흙 속에 넣어 보이지 않게 덮었습니다. ( )

2. 문이 바람 때문에 저절로 <u>닫히다.</u>

❶ 상처를 입다. ( )

❷ 도로 제자리로 가서 막아 지다. ( )

3. 이것은 나의 <u>몫</u>이다.

❶ 머리와 몸통을 잇는 신체의 일부분 ( )

❷ 여럿으로 나누어 가진 역할 ( )

4. 나는 <u>반드시</u> 1등을 할 것이다.

❶ 기울어지지 않고 바르게 ( )

❷ 틀림없이 꼭 ( )

1. 다음 단어의 뜻을 읽고, 어떤 낱말인지 찾아 ○표를 한 뒤 빈칸에 써 보세요.

❶ 물에 넣고 끓이다.

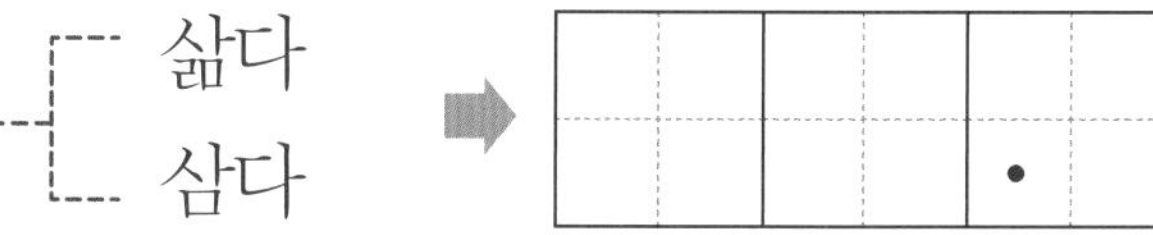

삶다 / 삼다 ➡ □□□.

❷ 사물이 지니고 있는 쓸모.

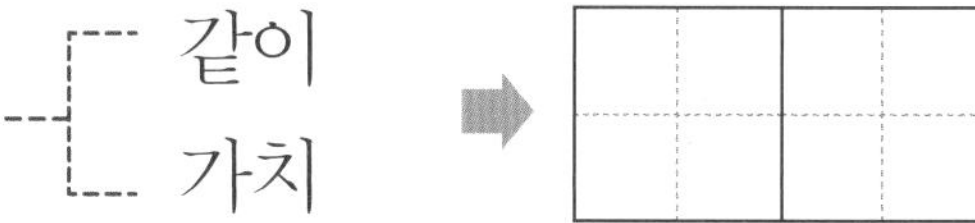

같이 / 가치 ➡ □□

❸ 글이나 글자를 소리 내어 말하다.

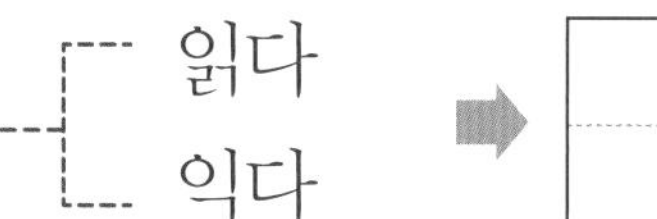

읽다 / 익다

➡ □□□.

❹ 기온이 높거나 몸이 뜨겁다.

덥다 /덮다

➡ □□□.

❺ 재료를 가지고 밥, 옷, 집을 만들다.

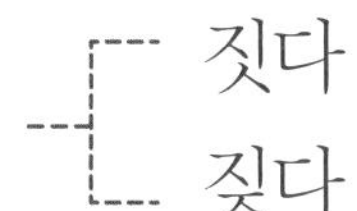

짓다 / 짖다

➡ □□□.

❻ 편지나 물건을 상대에게 보내다.

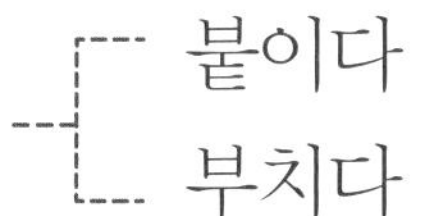

붙이다 / 부치다

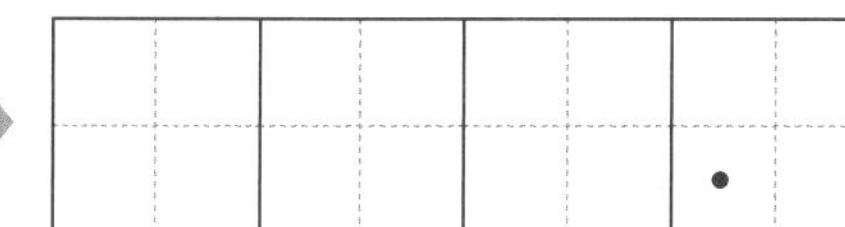

➡ □□□□.

2. 낱말에 주의하며 다음 문장을 따라 써 보세요.

❶ 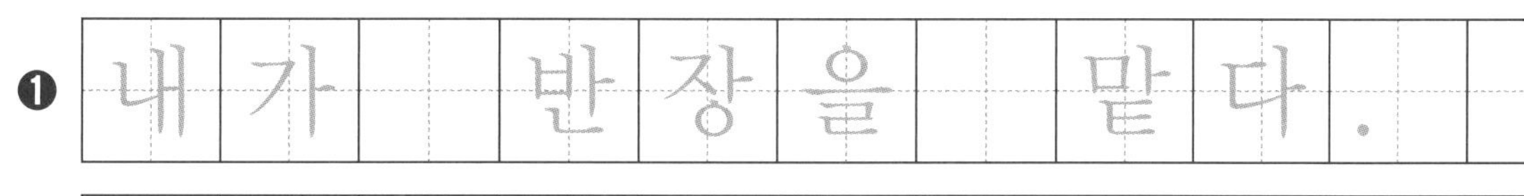

❷ 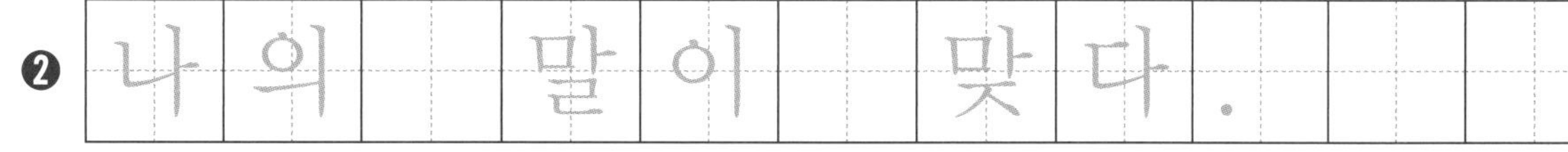

❸ 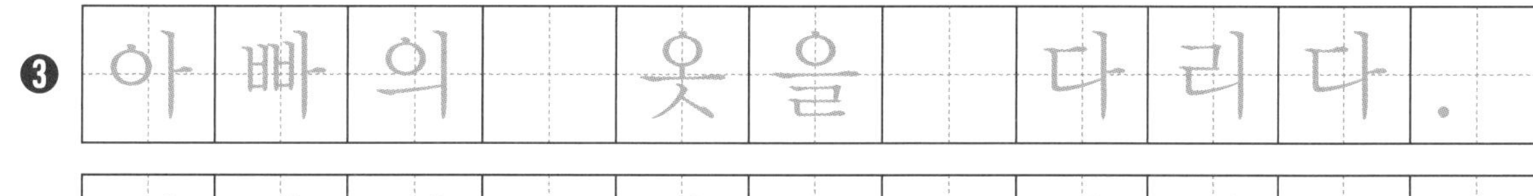

❹ 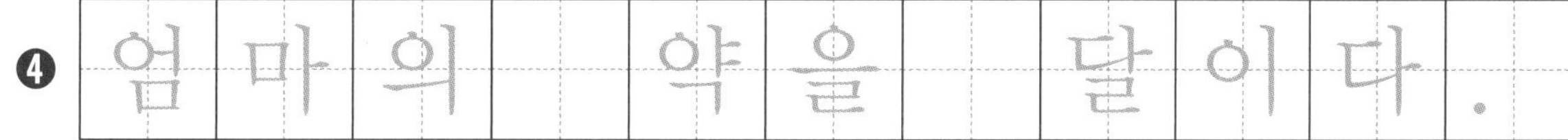

공부한 날짜 /

29 'ㅚ'와 'ㅙ'와 'ㅞ'가 헷갈려요.

기초 알기

외	왜	웨

입술을 동그랗게 만들고 나서 그대로 [ㅔ]를 소리 내면 [ㅚ] 소리가 납니다. 이것과 마찬가지로 [ㅙ]는 [ㅗ]를 발음하다가 바로 [ㅐ]라고 소리 내면 됩니다. 마지막으로 [ㅞ]는 [ㅜ]라고 소리 내다가 빠르게 [ㅔ]를 소리 내면 [ㅞ]가 되지요. 그런데 이 세 가지의 모음은 정확하게 구분하여 발음하지 않으면 비슷하게 소리가 나요. 그래서 정확하게 구분하여 소리를 내고, 써야 한답니다.

기초 다지기

다음 낱말의 뜻을 살피면서 빈칸을 소리 내어 읽은 뒤 따라 쓰세요.

1. 어찌 된 일. 의외의 뜻을 나타낸다. = 웬 일

2. 자기 나라가 아닌 다른 나라. = 외 국

3. 다른 것으로 바뀌거나 변하다. = 되 다

4. 왜 그런지 모르게. 또는 뚜렷한 이유도 없이 = 왠 지

5. 어찌 된 일인지 = 웬 일 인 지

6. 왜 그러냐 하면. 이유를 이야기할 때 쓴다. = 왜 냐 하 면

1. 다음 글을 읽고 틀린 부분을 고쳐 빈칸에 써 보세요.

여름방학이 끝나고 개학을 했다. 나는 학교에 가서 친구들과 지난 방학에 무엇을 했는지 즐겁게 이야기했다. ①왜국에 다녀온 친구도 있었고, ②교홰 친구들과 놀러 갔다 온 친구도 있었다.

그런데 ③왠일인지 내 짝꿍인 경수가 기운이 없었다. 경수에게 괜찮으냐고 물어보니 아파서 그렇다고 했다. ④외냐하면 어제 밥을 많이 먹어서 배탈이 났다는 것이다. 그러자 앞자리의 민호가 경수를 ⑤되지라고 놀려대서 경수가 울었다. 그래서 친구를 놀리면 안 ⑥됀다고 선생님께 혼이 났다.

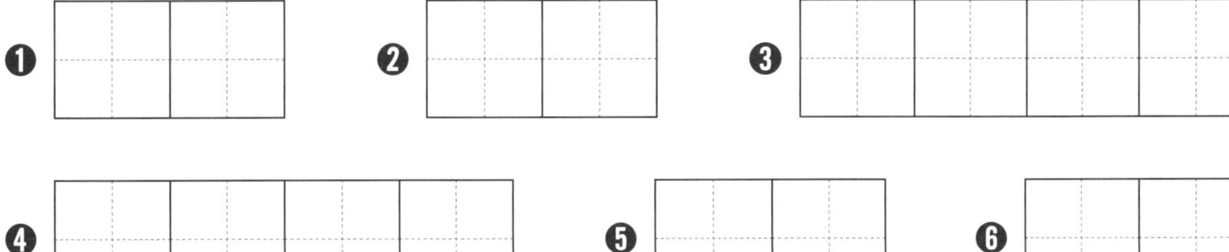

2. 모음에 주의하며 다음 문장을 따라 써 보세요.

공부한 날짜 /

30 '같다'와 '갔다'

기초 알기

➡ **같다** : 서로 다르지 않고 하나이다.

> 나와 지영이는 같은 점이 많다.
> 같은 학교에 다니고, 키도 같다.

➡ **가다** : ① 한 곳에서 다른 곳으로 장소를 이동하다.
② 수레, 배, 자동차, 비행기 따위가 다니다

> 우리는 부산까지 ②가는 기차를 타고
> 할머니네 집에 ①갔다.

기초 다지기

1. 문장을 읽고 바른 낱말을 찾아 ○표를 하고 옆의 빈칸에 써 보세요.

❶ 아빠와 함께 공원에  갔다. / 같다. 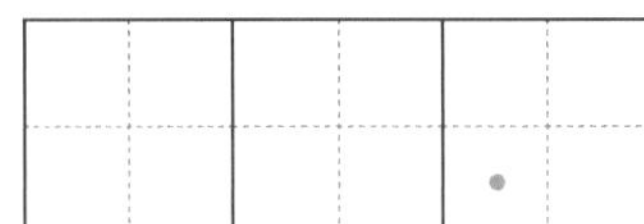

❷ 나랑 친구의 가방 색깔이 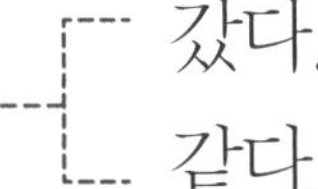 갔다. / 같다. 

2. 다음 문장을 읽고 빈칸에 알맞은 낱말을 넣어 보세요.

❶ 우리는 함께 소풍을 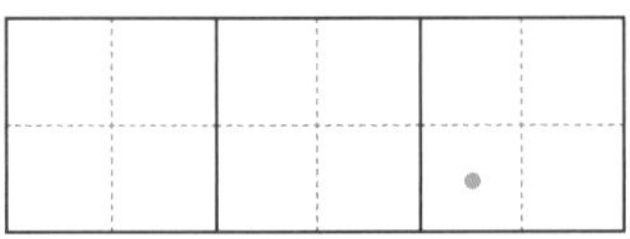

❷ 우리 가족은 모두  티셔츠를 입었다.

확실하게 익히기

다음을 소리 내어 읽고, 바르게 따라 쓰세요. 그리고 다음 줄에는 혼자서 써 보세요.

❶ 담요를 덮으니 덥다.

❷ 문이 닫혀서 다쳤다.

❸ 왜 돼지를 괴롭히니?

❹ 왠지 자꾸 후회된다.

❺ 우리는 나이가 같다.

❻ 우리는 같이 돌아갔다.

공부한 날짜 /

31 흉내 내는 말을 배워요.

기초 알기

낱말 중에는 소리를 흉내 내는 낱말과 행동이나 모양을 흉내 내는 낱말이 있어요. 이것을 의성어와 의태어라고 합니다.

➡ **의성어** : 사람이나 자연, 사물이 내는 소리를 흉내 낸 말입니다. 강아지가 짖는 소리를 "멍멍"이라고 쓰거나, 사람이 웃는 소리를 "하하"나 "깔깔", "호호"라고 쓰듯이 귀에 들리는 소리를 글자로 쓴 낱말이에요.

➡ **의태어** : 사람이나 사물의 모양이나 움직임을 흉내 낸 말입니다. 아기가 웃는 표정을 "방긋방긋"이라고 쓰거나, 별이 빛나는 모습을 "반짝반짝"이라고 쓰듯이 눈으로 보이는 모습이나 만졌을 때의 느낌 등을 글자로 쓴 낱말이에요.

기초 다지기

다음 낱말을 소리 내어 읽은 뒤 바르게 따라 써 보세요.

❶ 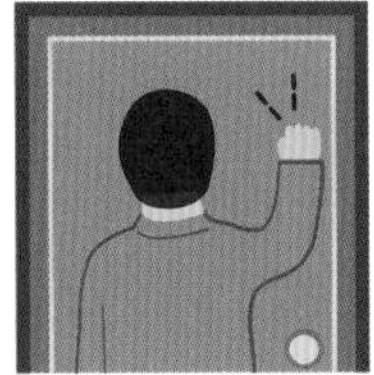

똑	똑

❷ 

꼬	꼬	댁

❸ 

아	장	아	장

연습하기

다음 글을 읽으면서 빈칸에 들어갈 알맞은 낱말을 보기에서 골라 써 보세요.

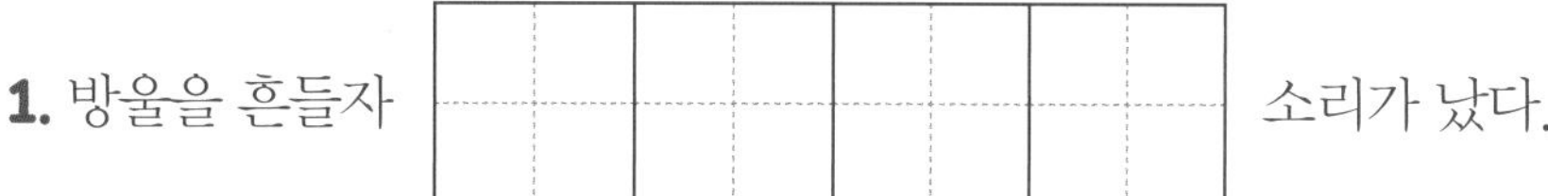

쨍쨍 뒤뚱뒤뚱 개굴개굴 둥실둥실 생글생글

짹짹 또박또박 폴짝 딸랑딸랑 번쩍 소곤소곤

1. 방울을 흔들자 □□□□ 소리가 났다.

2. 참새가 □□ 울더니 날아가 버렸다.

3. 아기가 □□□□ 웃는다.

4. 글씨를 □□□□ 바르게 썼다.

5. 갑자기 번개가 □□ 치더니 천둥도 울렸다.

6. 구름이 □□□□ 떠 있다.

7. 친구와 작은 목소리로 □□□□ 이야기를 했다.

8. 개구리는 □□□□ 울고 □□ 하고 뛴다.

9. 오리가 □□□□ 걸어와 □□ 하고 울었다.

공부한 날짜 /

32 끼리끼리 어울려요.

기초 알기

흉내 내는 말은 같은 자음이더라도 모음이 바뀌면 느낌이 전혀 달라져요.

번개가 **번쩍번쩍** 친다.

별이 **반짝반짝** 빛난다.

느낌이 전혀 다르지요? 'ㅏ', 'ㅑ', 'ㅗ', 'ㅛ'는 작고 가볍고 밝은 느낌을 줍니다.
반대로 'ㅓ', 'ㅕ', 'ㅜ', 'ㅠ'는 크고 무겁고 어두운 느낌을 주지요.
그런데 **'깡충깡충'**은 ㅏ와 ㅜ가 합쳐진 특이한 글자예요. 틀리지 않게 조심하세요.

기초 다지기

다음 낱말들이 어떻게 다른지를 생각하며 따라 써본 뒤 빈칸에 알맞은 말을 쓰세요.

1.

팔	락	팔	락

펄	럭	펄	럭

➡ 태극기가 바람에 [ ] 움직입니다.

2.

퐁	당	퐁	당

풍	덩	풍	덩

➡ 시냇가에 [ ] 조약돌을 던졌다.

1. 문장을 읽고 바른 낱말을 찾아 ○표를 해 봅시다.

❶ 비가 [주룩주룩 / 주렁주렁] 내린다.

❷ 시냇물에서 [첨벙첨벙 / 첨방첨방] 물장구를 쳤다.

❸ 바람개비가 [빙글빙글 / 벙글벙글] 돌아간다.

❹ 토끼가 [깡충깡충 / 깡총깡총] 뛰었다.

❺ 아기가 [방긋방긋 / 빙글빙글] 웃는다.

2. 된소리에 주의하며 다음 문장을 따라 써 보세요.

❶	동	생	은		쿨	쿨		잔	다	.	
❷	데	굴	데	굴		굴	러	간	다	.	
❸	바	람	이		솔	솔		분	다	.	
❹	어	휴	,	정	말		못		말	려	!

공부한 날짜 /

33 '느리다'와 '늘이다'와 '늘리다'

기초 알기

➡ **느리다** : 어떤 움직임을 하는 데 걸리는 시간이 길다.

> 나무늘보는 엉금엉금 너무 느리다.

➡ **늘이다** : 사물을 본래보다 더 길게 하다.

> 고무줄을 쭉 잡아당겨 늘였다.

➡ **늘리다** : 본래보다 더 많아지거나 커지게 하다.

> 그는 부지런히 물건을 팔아 재산을 늘렸다.

기초 다지기

낱말에 주의하며 다음 문장을 읽고 따라 써 보세요.

1. 거북이는 엉금엉금 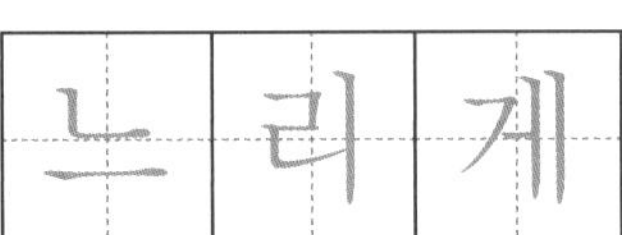 움직입니다.

2. 고무줄을 잡아당겨서 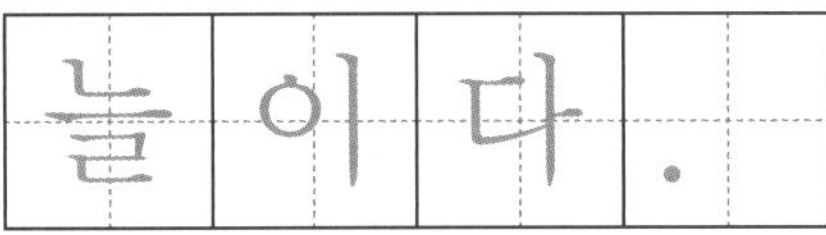

3. 부지런히 일해서 재산을 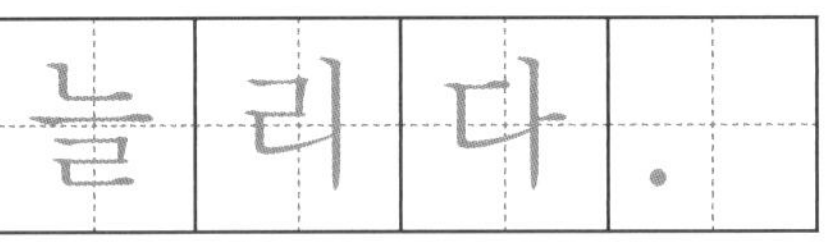

4. 열심히 해서 실력을 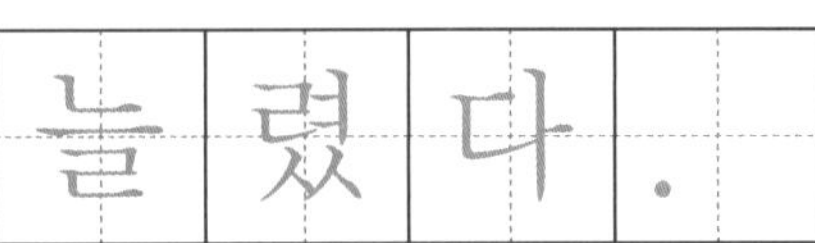

5. 밧줄을 아래로 길게 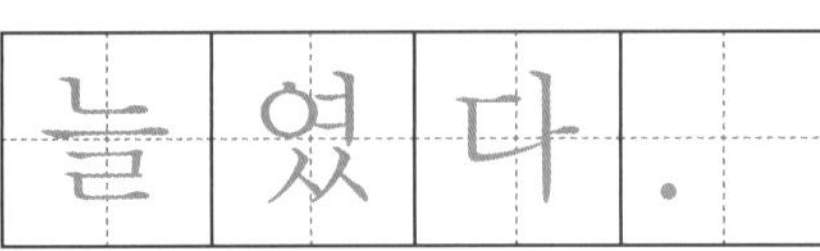

확실하게 익히기

다음을 소리 내어 읽고, 바르게 따라 쓰세요. 그리고 다음 줄에는 혼자서 써 보세요.

❶ 엉금엉금 기어가요.

❷ 소곤소곤 이야기해요.

❸ 빗방울이 후드득후드득

❹ 치카치카 이를 닦아요.

❺ 빙그레 미소를 지어요.

❻ 참새가 짹짹 노래해요.

공부한 날짜 /

34 낱말과 낱말을 더해요.

기초 알기

낱말과 낱말을 더해서 새로운 낱말을 만들어 낼 수 있어요.

이렇게 단어와 단어를 합치면 새로운 낱말을 많이 만들어 낼 수 있답니다.

기초 다지기

두 개의 단어를 합쳐 새로운 단어를 만들어 보세요.

1. 

2. 눈 + 사람 =

3. 돌 + 다리 =

4. 눈 + 물 =

다음 그림일기를 읽으면서 색칠된 빈칸에 들어갈 알맞은 낱말을 보기에서 골라 써 보세요.

 점심시간 창문 축구공 개구쟁이 공놀이 운동장

	점	심	시	간	에				
에	서		놀	고		있	었	다	.
그	런	데						인	
승	호	가					을		가
지	고					를		하	다
가				을		깨	뜨	려	서
크	게		혼	났	다	.			

공부한 날짜 /

35 단어 사이에 ㅅ이 생겨요.

기초 알기

낱말과 낱말이 합쳐져서 새로운 낱말을 만들 때 중간에 'ㅅ' 받침이 더해지는 경우가 있어요.

이때 더해진 ㅅ까지 더해 촛불이라고 써야 맞아요. 초불이라고 쓰면 틀린답니다. '빗물'이나 '바닷가' 같은 단어들도 마찬가지입니다.

기초 다지기

두 낱말이 더해진 낱말을 빈칸에 쓰세요.

1. 해 + 빛 =

2. 비 + 물 =

3. 시내 + 물 =

4. 나무 + 잎 =

연습하기

1. 문장을 읽고 바른 낱말을 찾아 ○표를 해 봅시다.

❶ (**코등 / 콧등**)을 다쳤다. 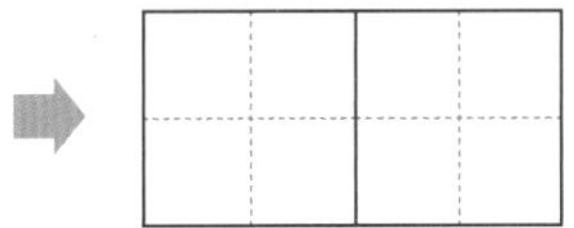

❷ (**기털 / 깃털**)처럼 가볍다. 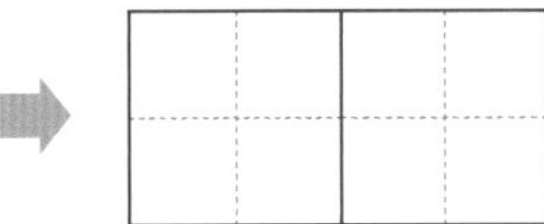

❸ (**차잔 / 찻잔**)을 깨뜨렸다. 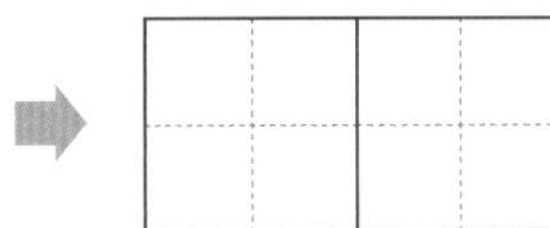

❹ 나는 (**깨잎 / 깻잎**)을 싫어한다. 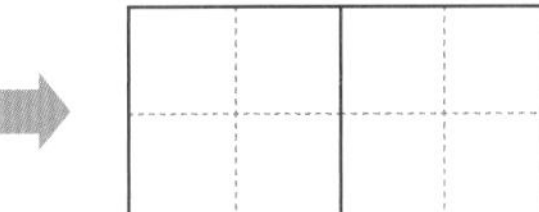

❺ 창 밖에서 (**비소리 / 빗소리**)가 들린다. 

❻ 우리는 (**바닷가 / 바다가**)에 놀러갔다. 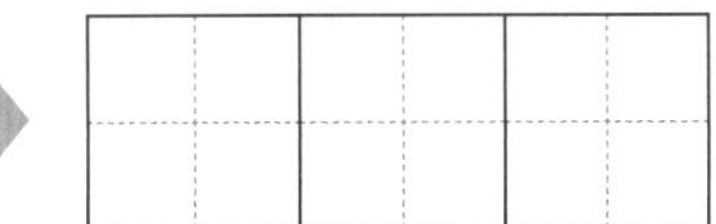

❼ (**아래니 / 아랫니**)가 빠졌다. 

2. 낱말에 주의하며 다음 문장을 따라 써 보세요.

❶ 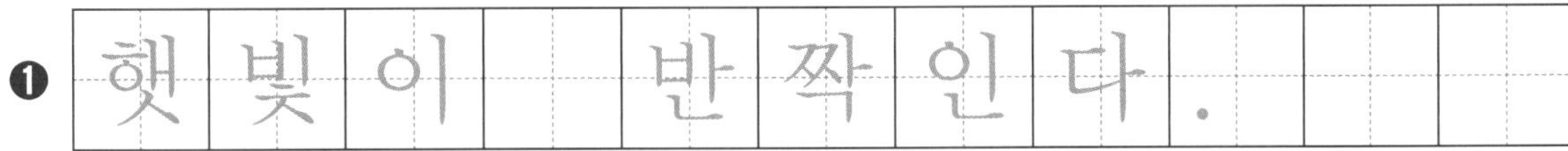

❷ 공깃밥 더 주세요.

❸ 할아버지 제삿날이다.

공부한 날짜 /

36 '장이'와 '쟁이'

기초 알기

➡ **-장이** : '기술을 가진 사람'의 뜻을 더하는 말.

간판을 만드는 사람은 간판장이이고
양복을 만드는 사람은 양복장이이다.

➡ **-쟁이** : '독특한 특징이나 습관을 가진 사람'의 뜻을 더하는 말.

우리 반의 신호는 개구쟁이이고, 성혜는 멋쟁이이다.
나는 말이 많아서 별명이 수다쟁이이다.

기초 다지기

1. 글자를 연결하여 알맞은 낱말 만들어 보세요.

❶ 간판 • • 쟁이
말썽 • • 장이

❷ 겁 • • 쟁이
옹기 • • 장이

❸ 미 • • 쟁이
고집 • • 장이

2. 다음 문장을 읽고 빈칸에 알맞은 낱말을 넣어 보세요.

❶ 내 동생은 정말 (**떼쟁이** / **떼장이**)이다. ➡

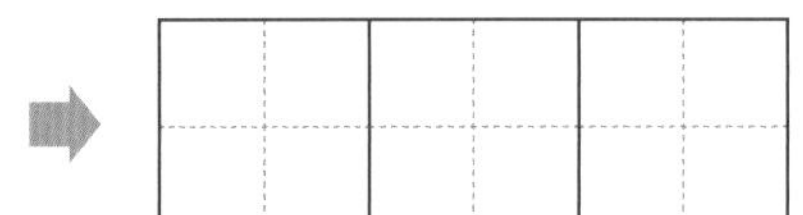

❷ 시멘트를 바르는 사람을 (**미장이** / **미쟁이**)라고 한다. ➡

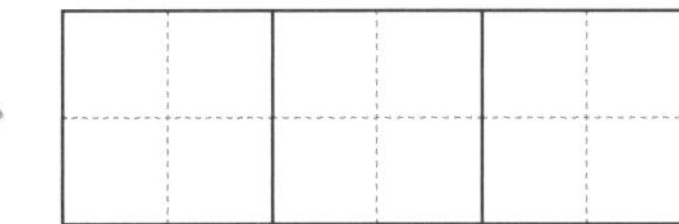

확실하게 익히기

다음을 소리 내어 읽고, 바르게 따라 쓰세요. 그리고 다음 줄에는 혼자서 써 보세요.

❶ 물고기가 헤엄친다.

❷ 시냇물이 졸졸 흐른다.

❸ 빗물에 책가방이 젖다.

❹ 아랫니와 윗니가 있다.

❺ 겁쟁이라고 놀리지 마!

❻ 아버지는 용기장이시다.

Part 3
띄어쓰기

스스로 확인해요
표시된 쪽수까지 풀 때마다 색칠해서 우주를 완성하세요.
107 쪽
117 쪽
127 쪽
137 쪽
147 쪽

공부한 날짜 /

01 알맞게 띄어 써요.

기초 알기

바르게 띄어 쓰고 읽어야 하는 이유는 무엇일까요?
다음 글을 소리 내어 읽어 보세요.

엄마가방이더럽다고하셨다.
그래서 내가 방을 깨끗이 청소했다.

엄마가 가방이 더럽다고 하신 건지, 방이 더럽다고 하신 건지 헷갈리지요? 이어지는 글을 보아야 방이 더럽다고 하셨다는 것을 확실히 알 수 있어요. 그렇다면 잘 알아볼 수 있게 고쳐볼까요?

엄마가 ∨ 방이 ∨ 더럽다고 ∨ 하셨다.

이처럼 띄어쓰기를 하지 않으면 하려는 말을 정확하게 전달하지 못합니다. 또는, 알아보기 불편하므로 읽는 사람이 이해하는데, 시간이 걸려요. 그래서 글을 쓸 때는 바르게 띄어 써야 합니다. 글을 읽거나 말을 할 때도 바르게 띄어 읽어야 듣는 사람이 잘 이해할 수 있어요. 그럼 이제부터 띄어쓰기를 바르게 하는 방법을 배워 봐요.

기초 다지기

알맞게 띄어 써야 하는 이유는 무엇일까요? 바르게 말한 친구를 골라 ○표를 해 보세요.

띄어쓰기를 해야
읽는 사람이
내 말을 정확하게
이해할 수 있어.

띄어쓰기를 해야
글씨를 내 마음대로
쓸 수 있어.

1. 문장에 표시된 ∨ 표시에 맞춰 글을 읽어 보세요. 그리고 띄어쓰기를 하여 따라 써 보세요.

❶ 나물 ∨ 좀 ∨ 줘.

❷ 나 ∨ 물 ∨ 좀 ∨ 줘.

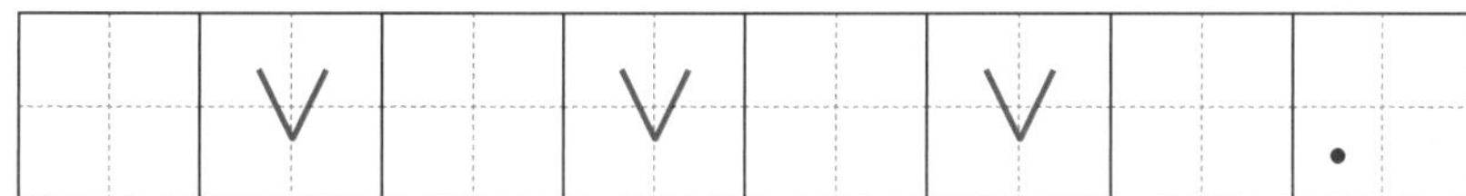

❸ 아이가 ∨ 아파요.

❹ 아 ∨ 이가 ∨ 아파요.

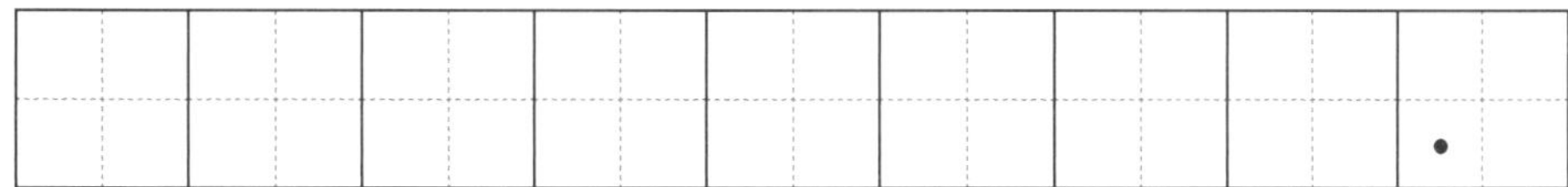

2. 그림을 보고 띄어 써야 하는 부분에 ∨ 표시를 한 뒤 바르게 띄어 쓰세요.

❶ 내가 ∨ 방을청소했다.

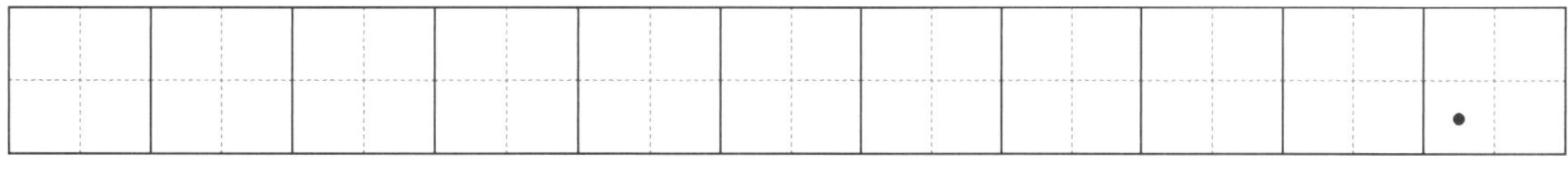

❷ 엄마가죽을끓이신다.

공부한 날짜 /

02 문장부호를 배워요.

기초 알기

문장이란 자신이 하고 싶은 말을 끝까지 쓴 글입니다. 문장은 다양한 낱말들로 이뤄져 있어요. 문장을 국어 공책이나 원고지에 쓸 때는 **한 칸을 띄고 써야 합니다.**

문장의 맨 마지막에는 다양한 문장부호가 와서 문장이 끝났다는 것을 알려줍니다. 이외에도 **문장 부호는 글의 뜻을 잘 표현하게 해주고, 잘 이해할 수 있게 해줍니다.** 문장 부호를 배워 봅시다.

부호	이름	설명
.	마침표	설명하는 문장의 끝에 씁니다. → 나는 학교에 간다.
?	물음표	묻는 문장의 끝에 씁니다. → 점심 먹었니?
!	느낌표	놀라거나 느낌을 나타내는 문장의 끝에 씁니다. → 신난다!
,	쉼표	쉬어 읽을 때나, 부르는 말 뒤에 씁니다. → 상미야, 밥 먹어라.
… …	줄임표	할 말을 줄이거나 말이 없을 때 씁니다. → 어디 보자…….

기초 다지기

위에서 배운 문장 부호의 쓰임을 생각하면서 바르게 써 봅시다.

1. 바르게 써요. .

2. 안녕? ?

3. 만세! !

4. 상미야, ,

5. 글쎄…… … …

다음 문장을 읽고 알맞은 문장부호를 채워 보세요.

1. 쉼표, 마침표

╱	어	머	니	,	제		손	을		꼭	
잡	으	세	요	.							

2. 물음표, 물음표

╱	너	는		여	기	에		언	제		왔
니			어	디	서		왔	니			

3. 쉼표, 느낌표

╱	이	야		정	말		기	분	이		좋
구	나										

4. 쉼표, 쉼표, 쉼표, 마침표

╱	사	과		배		바	나	나		파	인
애	플	을		모	두		샀	다			

5. 줄임표, 마침표

╱	음				나	도		잘		모	르
겠	어										

공부한 날짜 /

03 큰따옴표와 작은따옴표를 배워요.

기초 알기

글을 쓸 때 사람의 말이나 소리를 적거나 생각을 적어야 할 때가 있어요. 그럴 때는 큰따옴표와 작은따옴표를 사용하여 그대로 적으면 더 실감이 난답니다. 그리고 대화를 쓴 것인지, 생각을 쓴 것인지도 확실하게 알 수 있어요.

부호	이름	쓰임
“ ”	큰따옴표	사람의 말이나 소리를 그대로 적을 때 씁니다. → “우리 같이 놀자.”
‘ ’	작은따옴표	생각을 그대로 적을 때 씁니다. → ‘어떻게 하지?’

그런데 큰따옴표와 작은따옴표를 쓸 때는 온점은 함께 쓰고 느낌표나 물음표는 따로 써야 합니다. 아래에서 색칠한 부분을 잘 보면서 익혀 봅시다.

“우리 같이 놀자.”

‘어떻게 하지?’

“큰일이 났구나!”

그리고 국어 공책이나 원고지에 쓸 때는 첫 칸을 비우고 씁니다. 다음 줄로 넘어갔을 때에도 첫 칸을 비우고 따옴표 아래 칸부터 씁니다.

“나무꾼 아저씨, 저
좀 숨겨 주세요!”

기초 다지기

문장 부호를 따라 써 보세요.

“앗, 너무 뜨거워!”

연습하기

1. 다음 빈칸에 알맞은 문장부호를 써 보세요.

❶ 큰따옴표

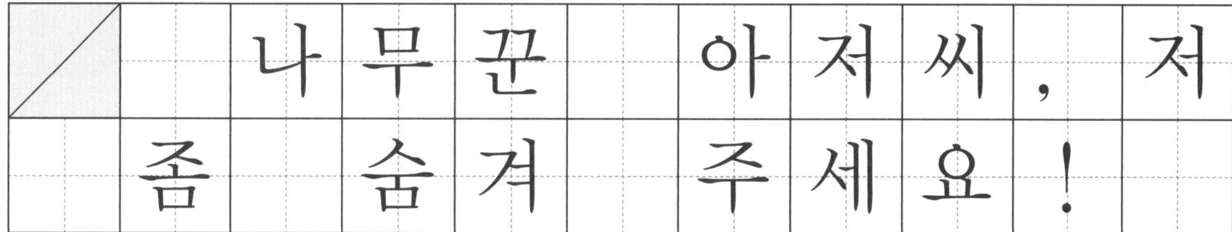

나무꾼 아저씨, 저 좀 숨겨 주세요!

❷ 작은따옴표

대체 어디로 도망갔을까?

2. 다음 글을 알맞게 따라 써 보세요.

“정말 고맙습니다.”

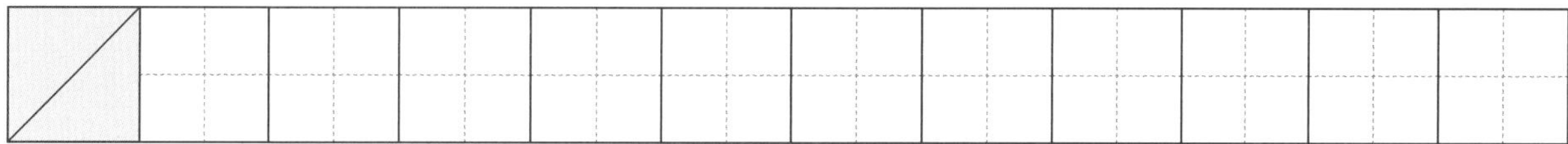

“와, 비가 온다!”

‘어떻게 할까?’

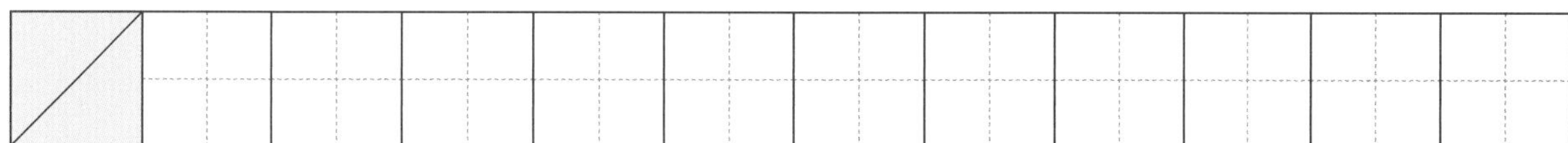

‘어디에 갔을까?’

공부한 날짜 /

04 문장부호에 따라 띄어 읽어요.

기초 알기

문장을 알맞게 띄어 읽어야 듣는 사람이 잘 이해할 수 있어요. 먼저 띄어 읽기를 표시해주는 쐐기표와 겹쐐기표를 알아봅시다.

∨	쐐기표	조금 쉬어 읽습니다.
⩔	겹쐐기표	쐐기표보다 더 쉬어 읽습니다.

그런데 문장부호에 따라 띄어 읽는 방법이 달라요.

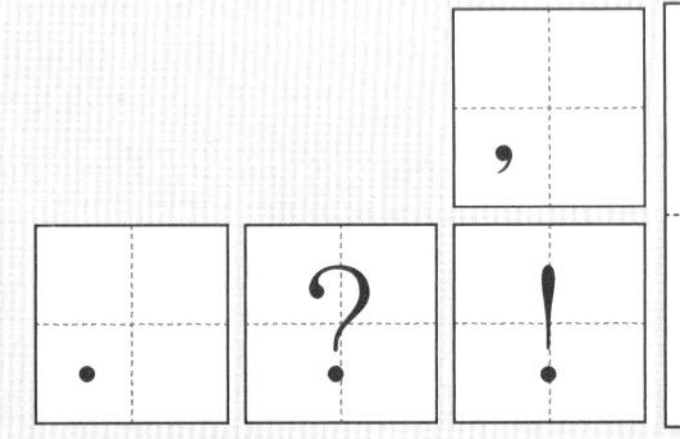

,	쉼표 뒤에는 ∨를 하고 조금 쉬어 읽어요.
. ? !	마침표, 물음표, 느낌표 뒤에는 ⩔를 하고 조금 더 쉬어 읽어요.

기초 다지기

쐐기표와 겹쐐기표에 맞춰 다음 글을 소리 내어 읽어 보세요.

지수에게 ⩔
지수야,∨안녕? ⩔
요즘 날씨가 추운데 감기 조심하고 있니? ⩔ 나는 잘 지내고 있어. ⩔
곧 내 생일이야. ⩔ 그래서 너를 초대하려고 편지를 했어. ⩔
다음 주 토요일에 우리 집에 놀러 올 수 있니? ⩔
민지,∨현수,∨상미도 놀러 오기로 했어. ⩔ 정말 재밌을 거야! ⩔
엄마가 맛있는 것도 많이 해주신다고 했어. ⩔ 꼭 놀러와. ⩔
그럼 안녕! ⩔

보람이가

연습하기

1. 다음 글을 알맞게 띄어 읽을 수 있도록 빈칸에 쐐기표나 겹쐐기표를 하세요.

❶ 어, ☐ 내 가방이 어디에 있지? ☐

❷ 우와! ☐ 정말 재미있어. ☐

❸ 얘들아, ☐ 우리 같이 놀래? ☐

❹ 엄마, ☐ 꽃이 피었어요. ☐ 정말 예뻐요! ☐

2. 띄어 읽을 곳에 쐐기표와 겹쐐기표를 하며 다음 글을 띄어 읽어 보세요.

옛날에 토끼와 거북이가 살고 있었어요. 어느 날 토끼는 거북이를 보고 생각했어요.
'거북이는 어쩜 저렇게 느릴까?'
토끼는 거북이를 놀려주고 싶어 말했어요.
"거북아, 우리 달리기 시합하지 않을래?"
거북이가 대답했어요.
"그래, 좋아!"

둘은 언덕 위의 나무까지 누가 먼저 올라가는지를 시합하기로 했어요.
"하나, 둘, 셋. 시작!"
토끼가 먼저 깡충깡충 빠르게 뛰어갔어요.
"영차, 영차!"
거북이도 열심히 뛰었지만, 토끼가 훨씬 빨랐어요. 중간쯤 와서 토끼는 뒤를 돌아봤어요. 거북이는 한참 뒤에서 천천히 올라오고 있었어요.
'거북이가 오려면 한참 남았네. 잠깐 자도 괜찮겠지?'
토끼는 풀밭에서 잠시 낮잠을 잤어요. 그 사이 거북이는 열심히 올라와서 토끼를 지나쳐 갔어요.
"만세, 내가 이겼다!"
토끼는 깜짝 놀라 깨어났지만, 이미 거북이가 이긴 뒤였답니다.

확실하게 익히기

1. 다음 빈칸에 들어갈 알맞은 문장 부호를 쓰세요.

현우와 민우는 같이 장난감을 가지고 놀고 있었어요 [ ] 민우가 먼저 현우에게 말했어요.

[ ] 형, 우리 장난감 기차 가지고 놀자! [ ] 그러자 현우도 큰 소리로 대답했어요.

"그래, 좋아 [ ] "

한참 동안 사이좋게 놀다가 현우가 실수로 기차를 세게 잡아당겼어요 [ ] 그러자 그만 기차의 연결 고리가 끊어지고 말았어요. "앗 [ ] " 현우는 깜짝 놀라 소리쳤어요. 민우는 화가 나서 소리쳤어요.

[ ] 기차를 망가뜨리면 어떻게 해! [ ] 그리고 엉엉 큰 소리로 울었어요. 현우는 미안해서 [ ] 어쩌면 좋지? [ ] 하고 마음속으로 생각했어요.

그때, 어머니께서 방에 들어오셔서 "대체 무슨 일이니 [ ] "라고 물어보셨어요. 현우가 대답했어요. "엄마 [ ] 제가 잘못해서 기차가 망가지고 말았어요."

그러자 어머니가 기차를 고쳐주셨어요.

[ ] 자 이제 괜찮지? [ ]

민우는 기뻐서 울음을 그치고 웃었어요 [ ] 그리고 형에게 사과했어요. "형 [ ] 아까 화내서 미안해." 현우가 대답했어요.

[ ] 괜찮아, 나도 기차를 망가뜨려서 미안해. 우리 이제 다시 사이좋게 놀자. [ ]

둘은 다시 사이좋게 기차를 가지고 놀았어요.

2. 다음 문장을 바르게 띄어 읽고, 문장부호에 맞추어 바르게 띄어 써 보세요.

❶ "아! 이가 너무 아파요."

❷ 토끼, 고양이, 닭이 있다.

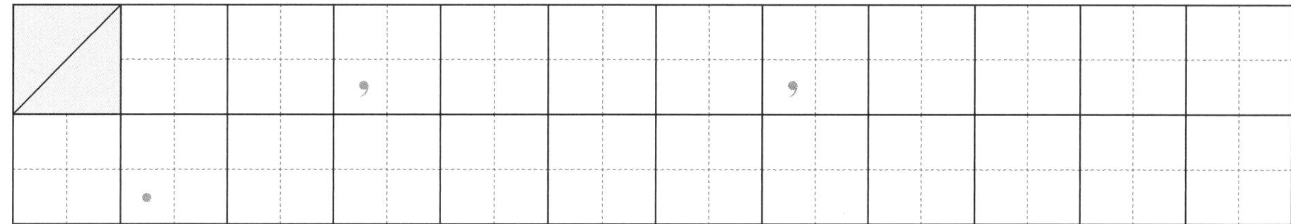

❸ '어? 별로 어렵지 않네?'

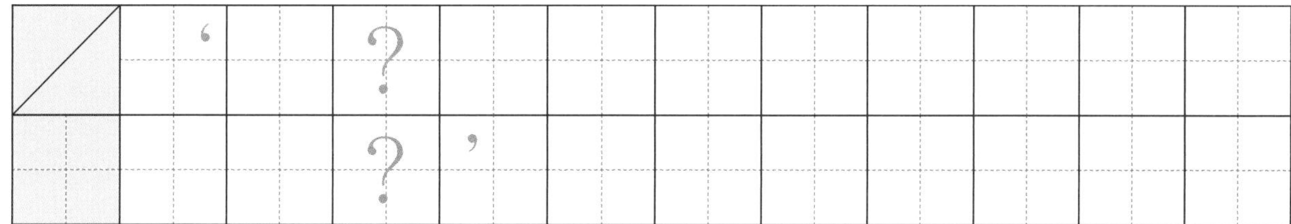

❹ "지수야, 저기 다람쥐가 있어."

❺ "어흥, 너를 잡아먹어야겠다!"

공부한 날짜 /

05 누가 했나요?

기초 알기

문장에서 '누가'나 '무엇이'를 알려주는 부분을 주어라고 합니다. 다음 표에서 색칠된 부분이 주어입니다.

동물들이	술래잡기를 합니다.
호랑이가	술래입니다.

위의 표에서 알 수 있듯이 주어에는 '이'나 '가'가 붙습니다. 이때, 받침이 없는 글자에는 '가'가 붙고, 받침이 있는 글자에는 '이'가 붙습니다.

동물들이	술래잡기를 합니다.
호랑이가	술래입니다.

'이'나 '가' 대신에 '은'이나 '는'이 붙을 때도 있답니다. 이때, 받침이 없는 글자에는 '는'이 붙고, 받침이 있는 글자에는 '은'이 붙습니다. 다음을 살펴 보세요.

사슴은	나무 뒤에 숨었습니다.
고슴도치는	풀숲에 숨었습니다.

기초 다지기

다음 빈칸에 '이'와 '가' 중에서 알맞은 낱말을 골라 써 보세요.

1. 달 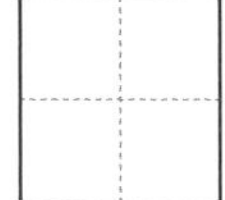 떴습니다.

2. 개구리 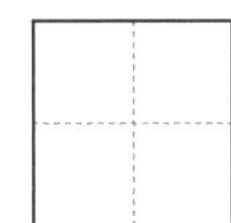 노래합니다.

3. 별 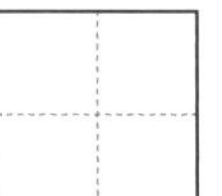 빛납니다.

4. 고양이 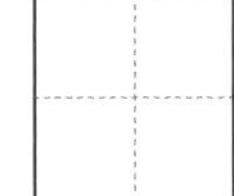 잠을 잡니다.

연습하기

1. 보기에서 알맞은 말을 골라 그림에 어울리는 문장을 완성하세요. 그리고 완성한 문장을 읽어 보세요.

보기	공이	토끼가	곰이	참새가	닭이	고양이가

❶ 공이 데굴데굴 굴러갑니다.

❷ ________ 뛰어 갑니다.

❸ ________ 야옹야옹 웁니다.

❹ ________ 노래합니다.

❺ ________ 병아리를 부릅니다.

❻ ________ 잠을 잡니다.

2. 다음 문장에서 주어를 찾아 ○표를 하세요. 그리고 바르게 따라 쓰세요.

❶ 아기가 웃어요.

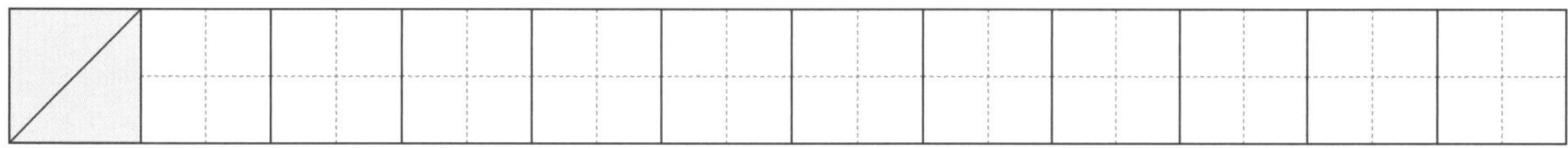

❷ 토끼가 풀을 먹어요.

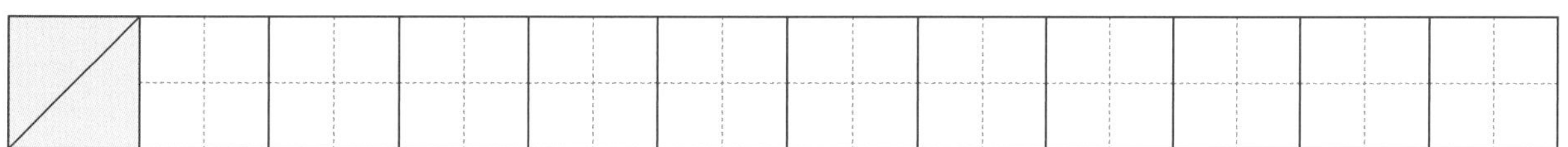

공부한 날짜 /

06 어찌하다, 어떠하다, 무엇이다.

기초 알기

문장에서 주어가 한 일을 설명해 주는 말을 서술어라고 해요. 서술어가 없으면 주어가 무엇을 했는지 또는 어떤 상태인지를 알 수 없어요. 서술어는 '어찌하다', '어떠하다', '무엇이다'로 쓸 수 있어요. 다음 표에서 색칠된 부분이 서술어예요.

토끼가	뛰어간다.	(무엇이 어찌하다.)
누나가	예쁘다.	(무엇이 어떠하다.)
호랑이가	술래입니다.	(무엇이 무엇이다.)

서술어에 따라 뒤에 붙는 문장부호도 다르답니다. 그리고 문장의 종류도 달라져요.

공이	굴러간다.	(마침표)
고양이가	술래니?	(물음표)
노을이	예쁘구나!	(느낌표)

기초 다지기

다음에서 알맞은 서술어를 찾아 선으로 이어 보세요.

1. 새싹이 • • 빨간색이다.
   눈사람이 • • 자란다.
   장미꽃이 • • 차갑다.

2. 물이 • • 하얗다.
   눈이 • • 도망갔다.
   사슴이 • • 흐른다.

연습하기

1. 다음 주어에 어울리는 서술어를 찾아 색칠하세요.

❶ 애벌레가 작다. 넓다.

❷ 해바라기가 피었다. 뛰었다.

❸ 까마귀가 단단합니다. 날아갑니다.

2. 다음 문장에서 서술어를 찾아 ○표를 하세요. 그리고 바르게 따라 쓰세요.

❶ 애벌레가 작다.

❷ 해바라기가 피었다.

❸ 까마귀가 날아갑니다.

3. 다음 그림에 어울리는 서술어를 써서 문장을 완성하세요. 그리고 완성한 문장을 읽어 보세요.

❶ 참새가 ______________

❷ 동생이 ______________

❸ 토끼가 ______________

공부한 날짜 /

07 무엇을 했나요?

기초 알기

목적어는 '누구를'이나 '무엇을'을 나타내는 말입니다. 목적어는 주로 '어찌하다'는 서술어 앞에 옵니다. 아래 표에서 색칠한 부분이 목적어예요. 주어, 목적어, 서술어는 모두 띄어 써야 합니다.

누나가	사과를	먹는다.
동생이	그림을	그린다.

위의 표에서도 알 수 있듯이 목적어에는 주로 '을'이나 '를'이 붙습니다. 이때, 받침이 없는 단어에는 '를'이 붙고, 받침이 있는 단어에는 '을'이 붙습니다. 다음 표를 보면 더 정확하게 알 수 있어요.

누나가	사과를	먹는다.
동생이	그림을	그린다.

기초 다지기

1. 다음 빈칸에 '을'과 '를' 중에서 알맞은 낱말을 골라 써 보세요.

❶ 민지가 편지  쓴다.

❷ 현수가 필통 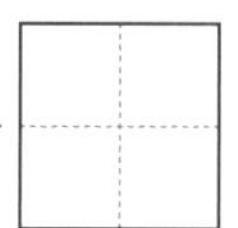 떨어뜨렸다.

❸ 내가 바람개비 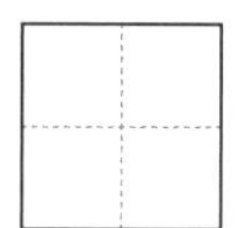 만들었다.

❹ 지수가 책 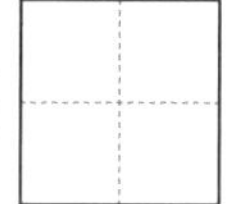 읽는다.

2. 목적어와 서술어를 이어 문장을 만들고 소리 내어 읽어 보세요.

민지가
- 밥을 • • 입는다.
- 옷을 • • 먹는다.

1. 주어, 목적어, 서술어를 바르게 띄어 쓴 것을 골라 ○표를 하세요.

❶	진	수	가		옷	을		입	는	다	.	
❷	진	수	가	옷	을		입	는	다	.		
❸	진	수	가		옷	을	입	는	다	.		

❶	민	지	가		우	유	를	마	신	다	.	
❷	민	지	가	우	유	를	마	신	다	.		
❸	민	지	가		우	유	를		마	신	다	.

❶	정	희	가	노	래	를		부	른	다	.	
❷	정	희	가		노	래	를		부	른	다	.
❸	정	희	가		노	래	를	부	른	다	.	

2. 다음 문장에서 목적어를 찾아 ○표를 하세요. 그리고 바르게 따라 쓰세요.

❶ 현수가 필통을 떨어뜨렸다.

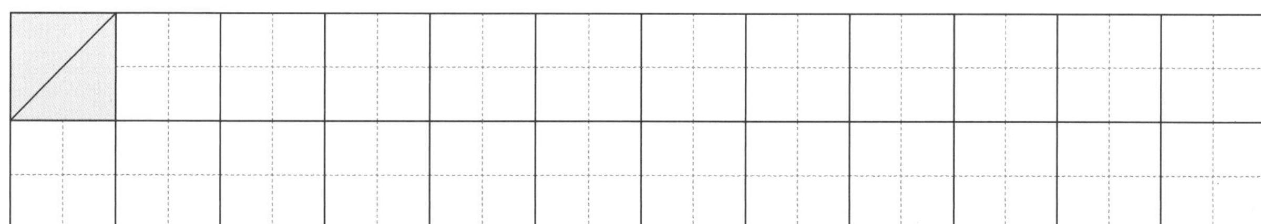

❷ 내가 바람개비를 만들었다.

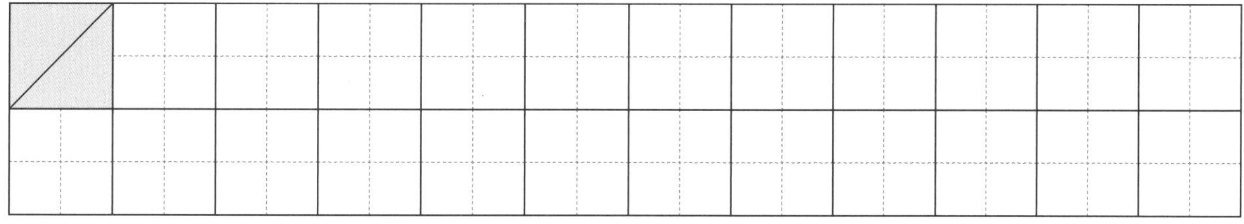

공부한 날짜 /

08 서로 어울리게 써야 해요.

기초 알기

문장을 쓸 때는 주어, 목적어, 서술어 순서로 써요. 그런데 이때, 주어, 목적어와 서술어가 서로 어울리게 써야 해요. 다음 대화를 보세요.

듣는 친구가 무슨 말인지 잘 이해하지 못하지요? 우리가 말을 할 때도 마찬가지예요. 말을 하거나 글을 쓸 때는 서로 어울리는 것끼리 써야 해요. 이를 위해서는 주어나 목적어에 맞춰 서술어를 써야 합니다. 또한, 문장을 너무 길게 쓰면 안 돼요. 문장을 길게 쓰다 보면 주어나 목적어에 맞는 서술어가 헷갈리므로 항상 짧게 쓰는 습관을 기르도록 해요.

기초 다지기

그림을 본 뒤 올바른 문장이 되도록 [ ] 의 순서를 바꾸어 써 보세요.

1. 

[피아노를] [칩니다.] [재훈이가]

➡ ______________________

2. 

[수연이가] [썼습니다.] [모자를]

➡ ______________________

3. 

[물놀이를] [오리가] [합니다.]

➡ ______________________

1. 주어, 목적어, 서술어가 서로 어울리게 쓴 것을 골라 ○표를 하세요.

❶	토	끼	가		풀	을		먹	는	다	.
❷	토	끼	가		풀	을		갑	니	다	.
❸	토	끼	가		산	속	을		먹	는	다	.

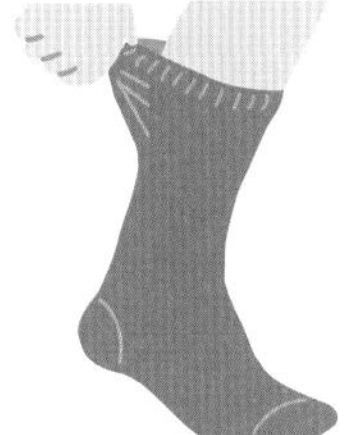

❶	성	희	가		양	말	을		읽	는	다	.
❷	성	희	가		우	유	를		먹	는	다	.
❸	성	희	가		양	말	을		신	는	다	.

2. 주어, 목적어, 서술어를 이어 문장을 만들어 보세요.

• 빵을 • • 받습니다.

동수가 •

• 신발을 • • 먹습니다.

• 전화를 • • 신습니다.

3. 위의 **2**번에서 만든 문장을 쓰고 소리 내어 읽어 보세요.

❶ 동수가 빵을 먹습니다.

❷ ____________________

❸ ____________________

확실하게 익히기

1. 보기에서 알맞은 낱말을 골라 이야기를 완성하세요.

보기	아이는	호랑이가	어머니가	곶감이	나를

어느 날 밤이었어요. 호랑이는 배가 고파서 마을로 어슬렁어슬렁 내려왔어요. 호랑이는 소를 잡아먹으려고 어떤 집에 들어갔어요. 그런데 아이가 우는 소리가 들렸어요. 호랑이는 귀를 기울여 집 안에서 나는 소리를 들었어요.

"으앙!"

어머니가 아이에게 말했어요.

"자꾸 울면 호랑이가 물어간다!"

집 밖에서 소리를 듣던 ①________________ 깜짝 놀랐어요.

'내가 온 걸 어떻게 알았지?'

하지만 아이는 울음을 그치지 않았어요. ②____________ 더 크게 울었어요.

"으앙, 으아앙!"

'아니? 내가 왔다는 데도 무서워하지 않고 계속 우네.'

③________________ 아이에게 말했어요.

"여기 곶감이다. 이제 그만 울어라."

어머니의 말에 아이는 울음을 뚝 그쳤어요.

'④________________ 무엇인데 아이가 울음을 그쳤지? 나보다 더 무서운 동물인가?'

호랑이는 겁이 났어요.

'어흥, 지금 곶감이 여기 있다고? 곶감이 ⑤__________ 잡아먹는 거 아니야?'

호랑이는 곶감이 자신을 잡아먹을까 봐 덜컥 겁이 났어요.

그래서 부랴부랴 산으로 도망쳤답니다.

2. 위의 이야기에서 흉내 내는 말을 찾아 모두 써 보세요.

____

____

3. 다음 문장에 ∨로 띄어쓰기 표시를 한 뒤, 바르게 띄어 써 보세요.

❶ 별이빛납니다.

❷ 참새가노래합니다.

❸ 노을이예쁘구나!

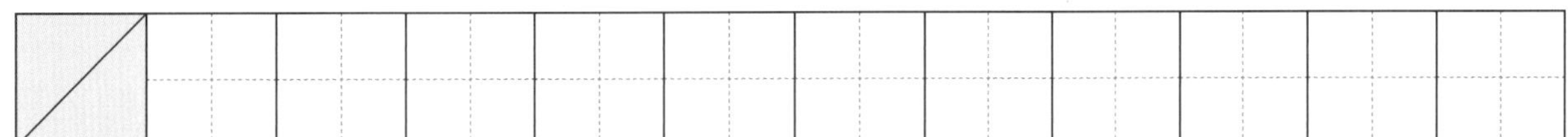

❹ 내가바람개비를만들었어요.

❺ 정희가노래를부르나요?

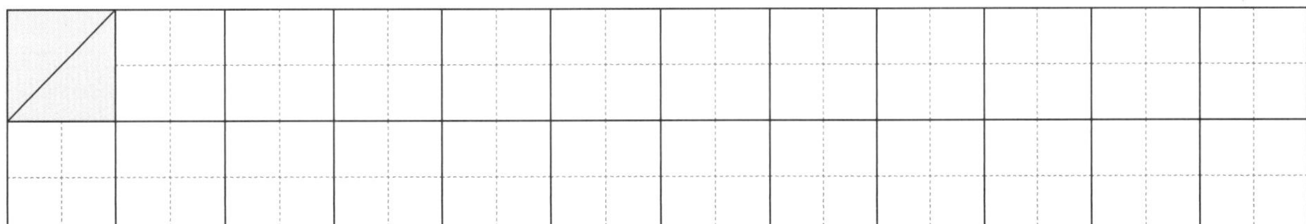

❻ 동수가신발을신습니다.

공부한 날짜 /

09 시간에 따라 달라져요.

기초 알기

지금 했던 일을 쓸 때와 과거에 했던 일을 쓸 때는 서술어를 다르게 써야 해요. 물론 미래에 할 일을 쓸 때도 달라지지요. 과거, 현재, 미래를 잘 구분해서 말해야 언제 했는지를 정확하게 알 수 있어요.

시간

과거	
나는 **어제** 책을 읽**었**다.	- 었 -
상미는 **아까** 놀러 가**더**라.	- 더 -

현재	
나는 책을 읽**는**다.	- 는 -
상미가 **지금** 놀러 **간**다.	- ㄴ -

미래	
나는 **내일** 책을 읽**겠**다.	- 겠 -
상미는 **다음 주**에 놀러 **갈** 것이다.	- ㄹ -

기초 다지기

주어, 목적어, 서술어를 시간의 흐름에 맞게 이어서 문장을 만들어 보세요.

나는

어제 •	• 밥을 먹는다.
지금 •	• 숙제를 하겠다.
내일 •	• 시소를 탔었다.

연습하기

1. 앞의 부분을 읽어보고 어울리는 서술어를 골라 ○표를 하세요.

❶ 나는 내일 국어를 공부한다. 공부하겠다.

❷ 진호는 지금 딸기를 먹는다. 먹었다.

❸ 동구는 어제 놀이터에 갔었다. 가겠다.

2. 첫 번째 칸처럼 시간에 맞춰서 과거와 현재에 알맞은 단어를 써 보세요.

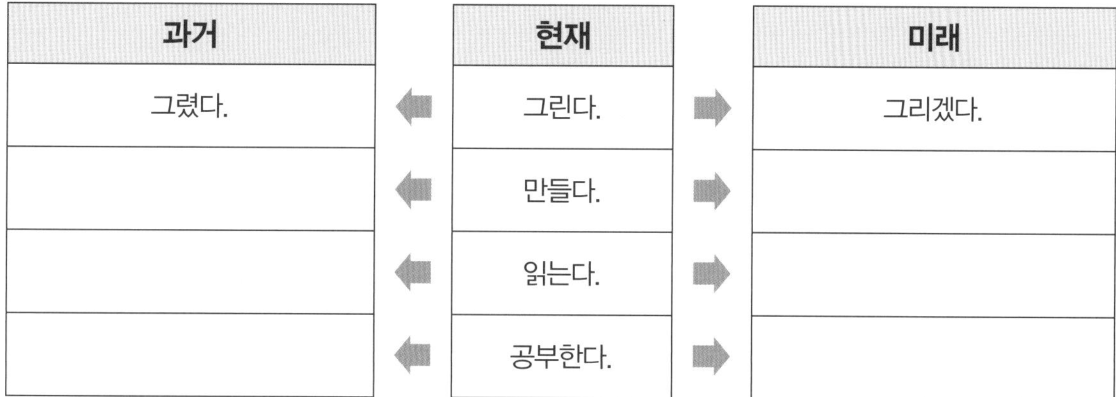

과거		현재		미래
그렸다.	⇦	그린다.	⇨	그리겠다.
	⇦	만들다.	⇨	
	⇦	읽는다.	⇨	
	⇦	공부한다.	⇨	

3. 다음 문장을 읽고 틀린 부분을 찾아 X표를 한 뒤, 아래 빈칸에 올바른 문장으로 고쳐 쓰세요.

❶ 나는 지금 편지를 썼다.

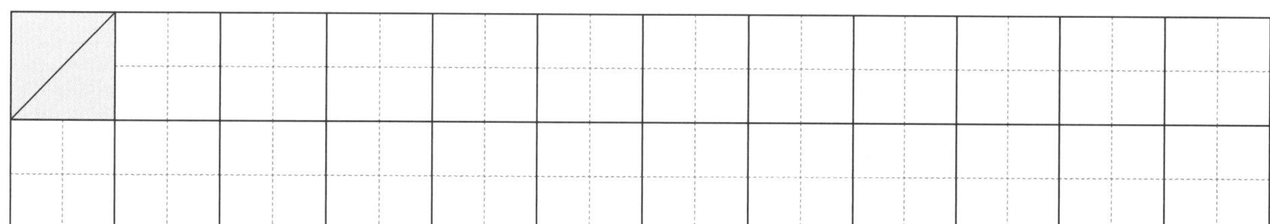

❷ 나는 어제 공부를 하겠다.

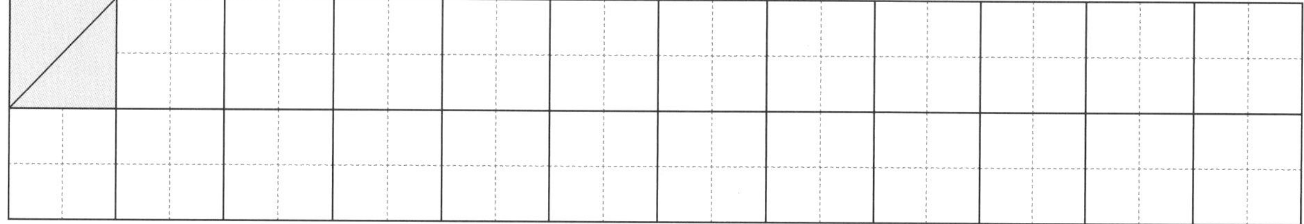

공부한 날짜 /

10 숫자를 세요.

기초 알기

'하나, 둘, 셋'은 무슨 낱말일까요? 바로 수를 세는 말이지요. 수를 세는 말은 우리말과 한자에서 온 말로 나뉘어요.

우리말	한자에서 온 말
하나, 둘, 셋, 넷, 다섯 여섯, 일곱, 여덟, 아홉, 열	일, 이, 삼, 사, 오 육, 칠, 팔, 구, 십

그런데 무엇을 세느냐에 따라 숫자와 단위를 나타내는 낱말이 달라집니다. 다음 표를 보면서 숫자를 세는 단위를 배워 봅시다.

무엇	단위
사물	개
사람	명
나무	그루
동물	마리
책	권

➡

예
사탕을 **두 개** 먹었다.
학생은 **열 명**이다.
나무 **다섯 그루**가 있다.
토끼 **두 마리**를 키운다.
책 **세 권**을 빌렸다.

위의 예처럼 수를 세는 말을 쓸 때는 위의 예처럼 수와 단위를 띄어 써야 합니다.

기초 다지기

다음 빈칸의 낱말을 소리 내어 읽은 뒤 따라 쓰고 아래에 스스로 써 보세요.

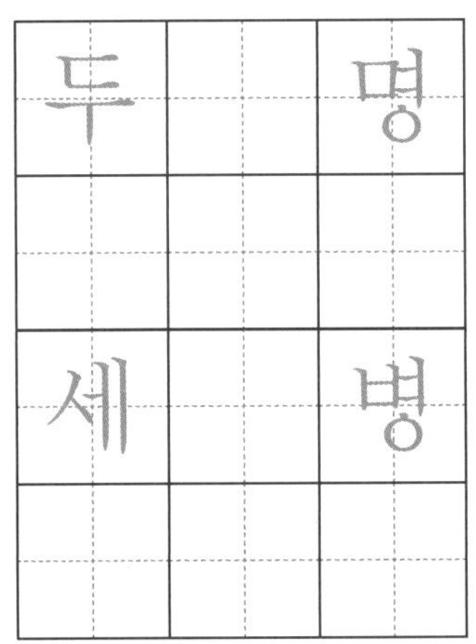

네 송이

네 그루

연습하기

1. 바르게 쓴 문장을 골라 ○표를 하세요.

❶ 사과 세 마리가 있다.

❷ 사과 세개가 있다.

❸ 사과 세 개가 있다.

❶ 개가 네 마리 있다.

❷ 개가 네 송이있다.

❸ 개가 네마리 있다.

❶ 나는 여섯살이다.

❷ 나는 여섯 살이다.

❸ 나는여섯살이다.

2. 다음 밑줄 친 부분에 알맞은 단위를 써서 문장을 완성하세요. 그리고 아래 빈칸에 바르게 따라 쓰세요.

❶ 내 동생은 지금 네 __________이에요.

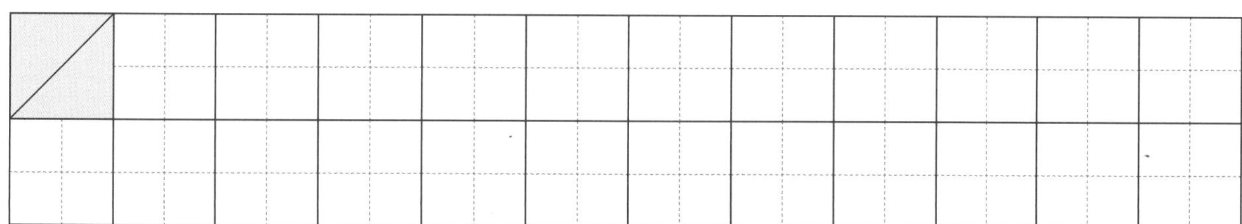

❷ 엄마가 책 열 __________을 사오셨다.

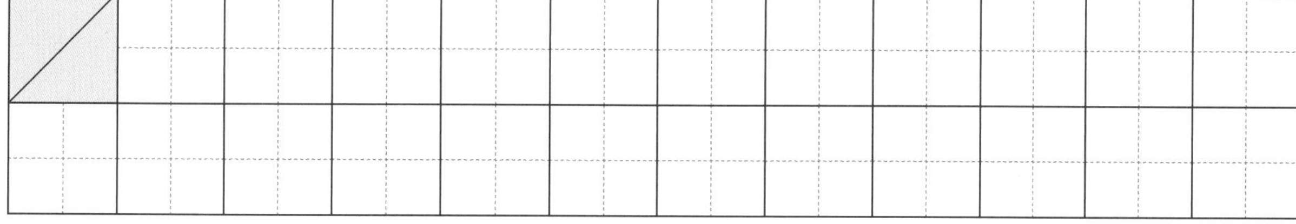

공부한 날짜 /

11 순서를 세요.

기초 알기

물건이 몇 개인지 셀 때도 있지만, 내 순서가 몇 번째인지 셀 때도 있어요. 그런데 순서를 나타내는 낱말은 붙여 쓰는 낱말과 띄어 쓰는 낱말이 있습니다.

붙여 쓰는 낱말	띄어 쓰는 낱말
첫째, 둘째, 셋째, 넷째, 다섯째, 여섯째, 일곱째, 여덟째, 아홉째, 열째	첫 번째, 두 번째, 세 번째, 네 번째, 다섯 번째, 여섯 번째, 일곱 번째, 여덟 번째, 아홉 번째, 열 번째

몇 번 했는지를 셀 때도 있지요. 이때는 모두 띄어 써요.

한 번, 두 번, 세 번 네 번, 다섯 번, 여섯 번, 일곱 번, 여덟 번, 아홉 번, 열 번

그런데 '한번'이라는 단어도 있습니다. '한 번'과 '한번'은 꼭 구분해서 써야 해요. 그럼 각각의 뜻이 어떻게 다른지 알아봅시다.

한 번	한번
① 횟수를 나타내는 말. 1번 → 나는 게임을 **한 번**밖에 못 했다.	① 지난 어느 때나 지난 기회. ② 어떤 일을 시험 삼아 해보다. → 제가 **한번** 놀러 가겠습니다.

기초 다지기

다음 문장을 읽고 띄어쓰기를 잘못한 부분을 찾아 ○표를 한 뒤, 옆의 빈칸에 올바르게 고쳐 쓰세요.

1. 민수는 다섯 째로 왔다. ➡ 

2. 내가 첫번째로 도착했다. ➡ 

3. 올해는 바다에 한번밖에 못 갔다. ➡ 

연습하기

위에서 배운 순서를 나타내는 말을 바르게 따라 써 봅시다.

첫	째

첫		번	째

둘	째

두		번	째

셋	째

세		번	째

넷	째

네		번	째

둘, 셋, 넷은 번째를 만나면 받침이 사라지고 두 번째, 세 번째, 네 번째가 돼요. 틀리지 않게 주의하세요.

다	섯	째

다	섯		번	째

여	섯	째

여	섯		번	째

일	곱	째

일	곱		번	째

여	덟	째

여	덟		번	째

아	홉	째

아	홉		번	째

열	째

열		번	째

공부한 날짜 /

12 높여서 말해요.

기초 알기

어른과 대화할 때는 지켜야 할 예절이 있어요. 바로 '높임말'입니다. 친구와 대화할 때나, 친구를 가리키며 하는 말을 '예사말'이라고 합니다. 그리고 어른들과 대화할 때나 어른에 대해 말할 때는 '높임말'을 사용해요. 어른과 대화하는데 친구와 대화할 때랑 똑같이 말하면 안 되겠지요? 그럼 다음 표를 보며 높임말을 배워 봅시다.

예사말	높임말
동생이	어머니**께서**
잔다.	주무**신**다.

어른에 관해 이야기할 때는 주어에 '이'나 '가'대신 '께'나 '께서'를 붙입니다. 그리고 중간에 '–시–'를 넣어서 높임을 나타내요. 그리고 '자다'나 '생일'과 같은 예사 낱말 대신 '주무시다'나 '생신'과 같은 낱말을 사용해야 합니다. 어른과 대화할 때도 달라요.

예사말	높임말
다녀왔다.	다녀왔**습니**다.
나는 잘 지내.	**저**는 잘 지내**요**.
내가 줄게.	**제**가 **드릴**게**요**.

어른과 대화할 때도 예사말과 달라요. 문장의 끝에 '–습니다.'나 '–요.'를 붙입니다. 그리고 자신을 가리킬 때 '나' 또는 '내' 대신에 '저'나 '제'를 씁니다.

기초 다지기

다음 밑줄 친 부분의 예사말을 높임말로 고쳐 보세요.

1. 어머니께서 말씀을 <u>한다</u>. ➡ 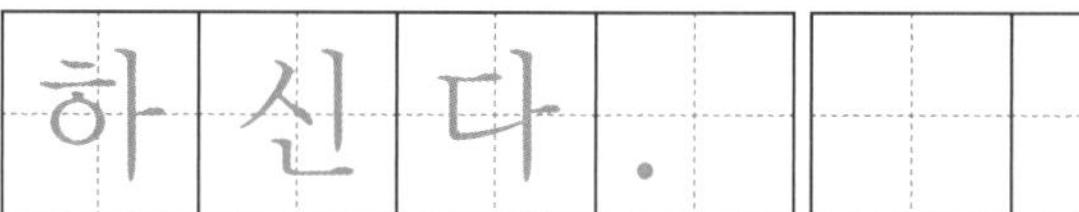

2. 할머니께서 여행을 <u>간다</u>. ➡ 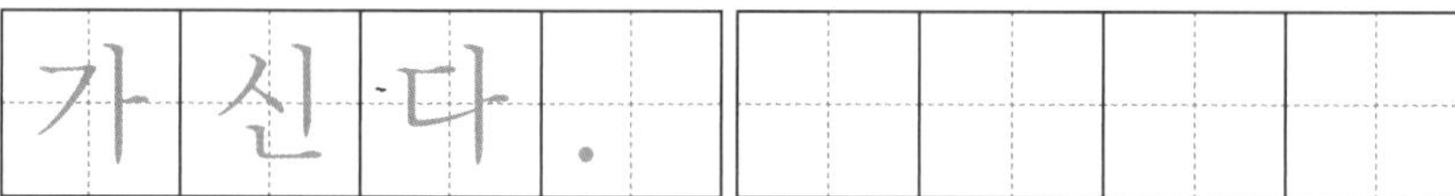

3. 할아버지께서 <u>왔다</u>. ➡ 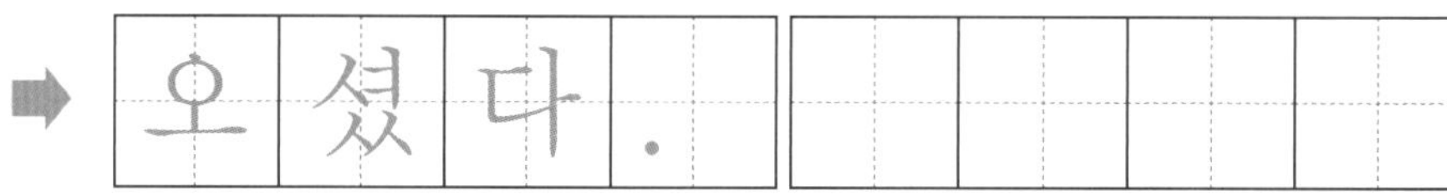

연습하기

1. 똑같은 뜻을 가진 예사말과 높임말을 이어 보세요.

예사말	높임말
밥 •	• 생신
집 •	• 댁
나이 •	• 말씀
생일 •	• 진지
말 •	• 연세

2. 문장을 읽고 올바른 높임말을 골라 색칠해 보세요.

❶ 선생님께서 [말을] [말씀을] 하신다.

❷ 할아버지가 선물을 [줬다.] [주셨다.]

❸ "할아버지, 어서 [오세요.] [와.] "

❹ 삼촌께 갖다 [줘라.] [드려라.]

❺ 할머니께선 댁에 [있습니다.] [계십니다.]

3. 다음 문장을 소리 내어 읽어 보세요. 그리고 바르게 쓰세요.

❶ 선생님께 정답을 여쭈어보았다.

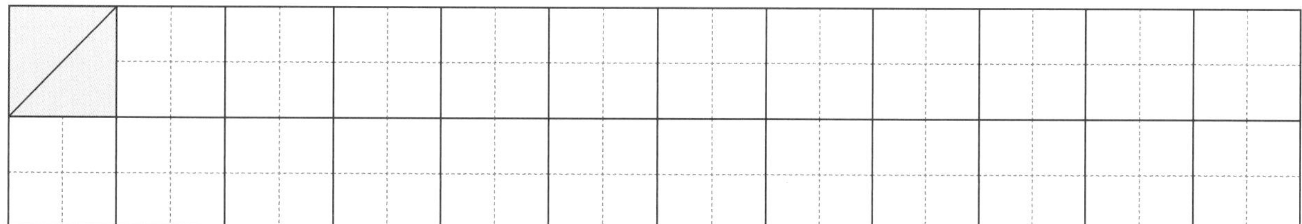

❷ 할머니 생신이라서 제가 선물을 드렸어요.

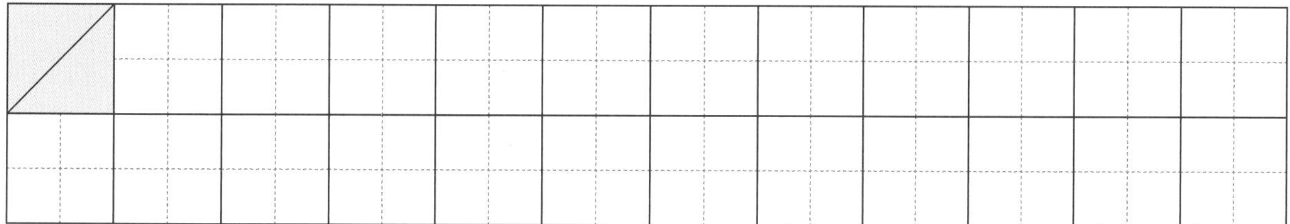

확실하게 익히기

1. 아래 이야기에서 잘못된 부분을 찾아 아래에 바르게 써 보세요.

옛날에 가난한 농부가 일을 마치고 집에 돌아오고 있었어요. 그런데 부잣집에서 생선 굽는 냄새가 솔솔 풍겨왔습니다. 농부는 배가 고픈데 맛있는 냄새가 나자 담벼락에 서서 냄새를 맡았습니다. 그때 농부의 모습을 부자가 보게 됐습니다. 부자는 소리쳤습니다.

"이보시오, 남의 집에서 나오는 냄새를 돈도 안 내고 공짜로 맡으면 어떡합니까?"

농부는 당황했어요.

"냄새 맡는 데도 돈을 내야 합니까?"

"세상에 공짜가 어디 있습니까? 내일까지 ①다섯냥을 내시오!"

농부는 부자가 화를 내며 말하니까 자신이 잘못했다고 생각했습니다.

"②알겠어. 내일까지 다섯 냥을 드리겠습니다."

농부는 집에 돌아와 가족들에게 있었던 일을 이야기했습니다. 그러자 농부의 ③일곱살 된 아들이 농부에게 말했어요.

"아버지, ④나한테 좋은 생각이 있어요. 그러니 걱정하지 말고 맡겨주세요."

농부는 아들이 너무 당당하게 이야기하니 믿어보기로 했습니다.

다음날, 아침이 되자 아들은 마을 사람들과 함께 돈 다섯 냥을 가지고 부잣집으로 갔습니다.

"여기 냄새 맡은 값을 가지고 왔습니다."

큰 소리로 말하니 부자가 나와서 돈을 받으려고 했습니다. 그런데 아들은 돈을 주지 않고 손에 넣은 채 위아래로 흔들어 짤랑짤랑 소리를 냈습니다. 그러자 부자가 화를 냈습니다.

"돈을 가지고 왔으면 어서 줘야지 왜 자꾸 소리만 내는 것이냐!"

"우리 아버지께서 냄새만 맡은 생선값이니, 돈 소리만 들려 드리면 되지 않겠습니까?"

듣고 보니 옳은 말이라서 결국 부자는 아무 말도 못 하고 집으로 돌아가 버렸습니다. 그리고 아들은 집으로 돌아와 아버지께 칭찬을 많이 받았답니다.

❶ ______________________ ❷ ______________________

❸ ______________________ ❹ ______________________

2. 다음 문장을 소리 내어 읽은 뒤 바르게 띄어 써 보세요.

❶ 나는 내년에 여덟 살이 될 것이다.

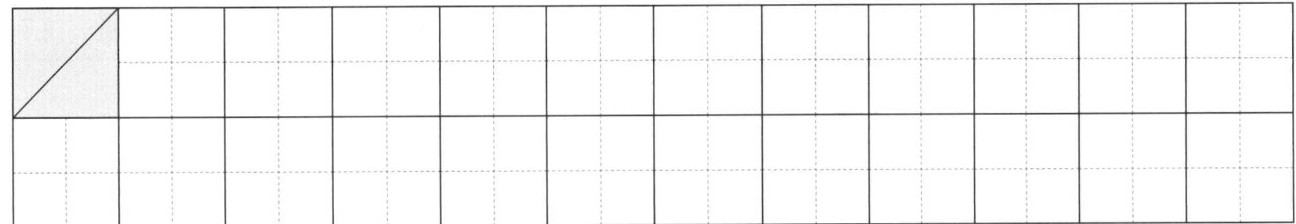

❷ 수미가 첫 번째로 줄을 섰다.

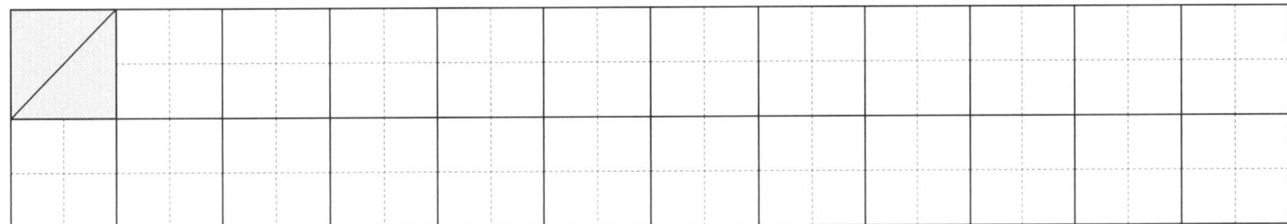

❸ 도서관에 가려면 버스를 한 번 타야 한다.

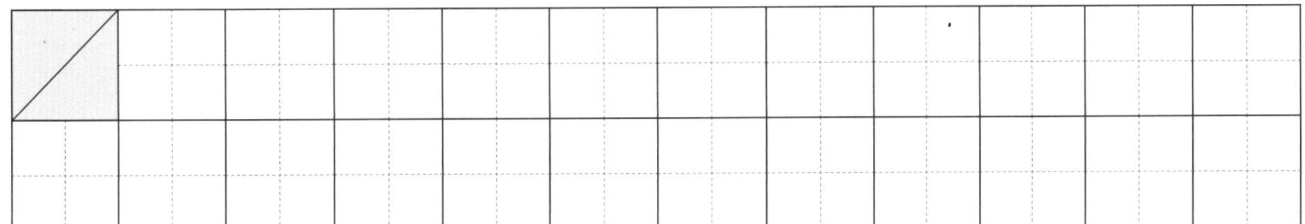

❹ 어머니께서 양말 두 켤레를 사오셨다.

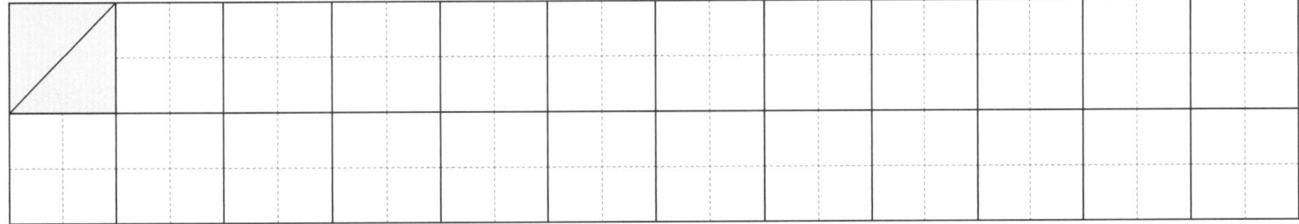

❺ 내일은 할아버지께 생신 선물을 드려야겠다.

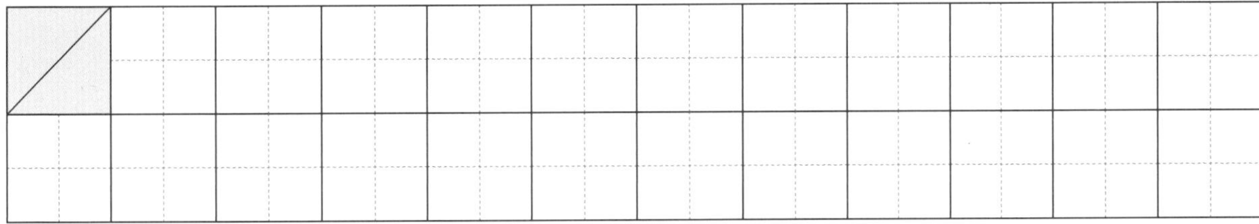

공부한 날짜 /

13 어떻게 했나요?

기초 알기

서술어나 문장을 더 자세하게 알 수 있게 도와주는 낱말들이 있어요. **이런 꾸며주는 말이 문장이나 서술어를 꾸며주면 문장이 더 자세해지고 재미있어집니다.** 다음 두 문장을 비교해 보세요.

하윤이가 노래를 부른다.

하윤이가 **신나게** 노래를 부른다.

하윤이가 **슬프게** 노래를 부른다.

왼쪽과 오른쪽 중에서 어떤 문장이 하윤이의 움직임에 대해 더 잘 알 수 있나요? 바로 오른쪽 문장이에요. 왼쪽 문장은 하윤이가 어떻게 노래를 부르고 있는지 알 수 없어요. 그런데 '신나게'나 '슬프게'를 넣으니 하윤이가 어떤 모습으로 노래를 부르는지를 잘 알 수 있게 됐어요. 이처럼 꾸며주는 말을 넣으면 행동을 자세하게 알려줄 수 있답니다.

기초 다지기

다음 문장에 알맞은 낱말을 보기에서 찾아 밑줄 친 부분에 써 보세요.

보기	맛있게	빨리	재미있게	무섭게

1. 내 생일이 ______________ 왔으면 좋겠다.

2. 어머니께서 ______________ 화를 내셨습니다.

3. 우리 가족은 저녁 식사를 ______________ 먹었습니다.

4. 규리 집에서 ______________ 인형 놀이를 했다.

1. 그림을 본 뒤 올바른 ( ) 에 색칠을 한 뒤 따라 써 보세요.

❶

친구와 (즐겁게) (힘들게) 춤을 춘다.

➡ ______________________________

❷

나는 그릇을 (깨끗이) (맛있게) 닦았다.

➡ ______________________________

❸

나무꾼이 (열심히) (곰곰이) 나무를 한다.

➡ ______________________________

❹

유빈이가 (신나게) (슬프게) 웁니다.

➡ ______________________________

2. 다음 문장을 소리 내어 읽어 보세요. 그리고 바르게 따라 쓰세요.

❶ 아이들이 신나게 춤을 추어요.

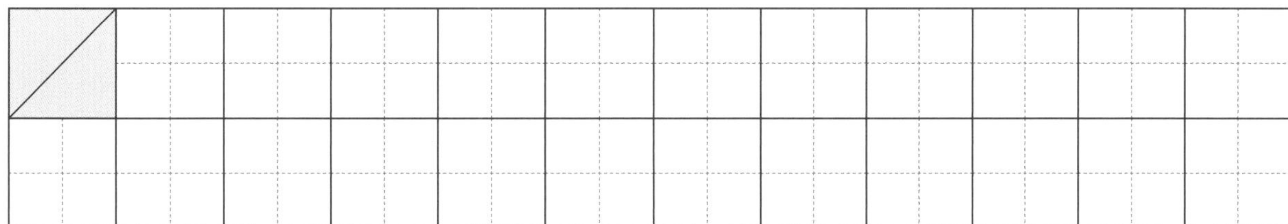

❷ 우리는 즐겁게 줄넘기를 했습니다.

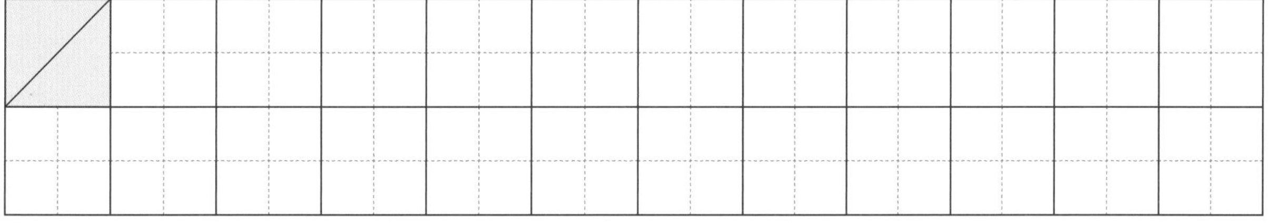

공부한 날짜 /

14 '안 했어요.'와 '못 했어요.'

기초 알기

우리는 살면서 무언가를 '못' 하거나 '안' 할 때가 있어요. 둘은 비슷해 보이지만 그 의미는 전혀 달라요. 어떻게 다를까요? 다음 표를 보며 살펴 봅시다.

	안	못
행동	서영이는 간식을 **안** 먹었다.	철수는 간식을 **못** 먹었다.
	서영이는 간식을 먹지 **않**았다.	철수는 간식을 먹지 **못**했다.
이유	점심을 너무 많이 먹어서 간식이 먹고 싶지 않았다.	간식이 없어서 간식을 먹을 수가 없었다.

위의 표에서 알 수 있듯이 '안' 하는 것은 하기 싫어서 일부러 안 하는 경우에 사용합니다. 그리고 '못' 하는 것은 어쩔 수 없이 못 하는 경우에 사용합니다. 서로 뜻의 차이가 있으므로 확실하게 구분하여 사용해야 해요.

기초 다지기

앞 문장을 읽고 이어지는 문장의 빈칸에 '안'과 '못' 중에서 알맞은 말을 쓰세요.

1. 어머니께서 말씀을 한다. ➡ (그래서) 학교에 일찍 [ ] 갔습니다.

2. 나 혼자 사탕을 먹고 싶었습니다. ➡ (그래서) 동생에게 사탕을 [ ] 주었습니다.

3. 진수는 숙제를 잃어버렸습니다. ➡ (그래서) 숙제를 [ ] 했습니다.

1. 문장을 읽고 바르게 띄어 쓴 낱말을 찾아 ○표를 하세요.

❶	들	어	가	면		안		돼	요	.		
❷	들	어	가	면	안		돼	요	.			
❸	들	어	가	면		안	돼	요	.			

❶	느	려	서		빨	리		못	가	요	.	
❷	느	려	서		빨	리	못	가	요	.		
❸	느	려	서		빨	리		못		가	요	.

❶	너	랑		놀	지	않	을	래	!			
❷	너	랑		놀	지		않	을	래	!		
❸	너	랑		놀	지		않		을	래	!	

2. 다음 문장에서 '안'이나 '못'를 찾아 ○표를 하세요. 그리고 바르게 따라 쓰세요.

❶ 친구를 놀리거나 때리면 안 돼요.

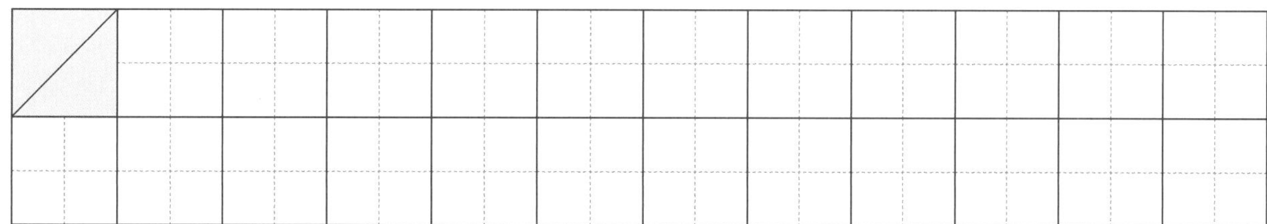

❷ 색연필이 없어서 색칠을 못 했어요.

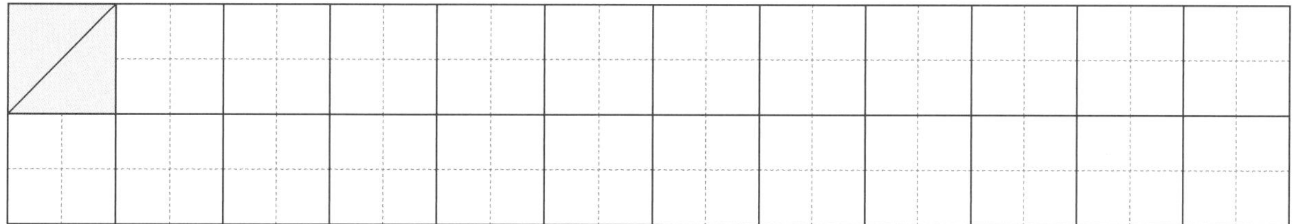

공부한 날짜 /

15 흉내 내는 말을 띄어요.

기초 알기

앞에서 사물의 소리나 모양, 움직임을 흉내 내는 말을 배웠어요. 다시 한번 살펴봅시다.

➡ **의성어** : 사람이나 자연, 사물이 내는 소리를 흉내 낸 말입니다.
예) 강아지가 **멍멍** 짖자, 고양이도 **야옹야옹** 울었다.

➡ **의태어** : 사람이나 사물의 모양이나 움직임을 흉내 낸 말입니다.
예) 고슴도치 가시가 **뾰족뾰족**하다.

그런데 이런 말들은 문장 속에서 어떻게 써야 할까요? 위에서 배웠던 '어떻게'처럼 꾸미려는 말 앞에 띄어 쓰면 됩니다.

아침 해가 떠오릅니다.	아침 해가 **방긋방긋** 떠오릅니다.

왼쪽보다 오른쪽이 아침 해의 모습을 더 생생하게 떠오르게 하고 재미있어요.

기초 다지기

다음 문장에 알맞은 낱말을 보기에서 찾아 밑줄 친 부분에 써 보세요.

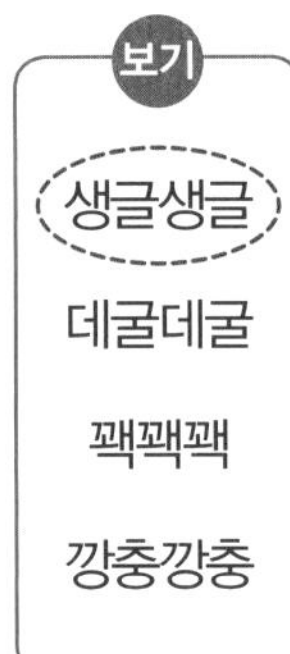

1. 동생을 부르니 생 글 생 글 웃으며 대답합니다.

2. 공이 ＿＿＿＿ 굴러갑니다.

3. 아기 오리가 ＿＿＿ 울며 엄마를 따라 갑니다.

4. 토끼가 ＿＿＿＿ 뛰어 마을로 내려갔어요.

연습하기

1. 알맞은 글자를 찾아 ○표를 한 뒤 빈칸에 써 보세요.

❶ 

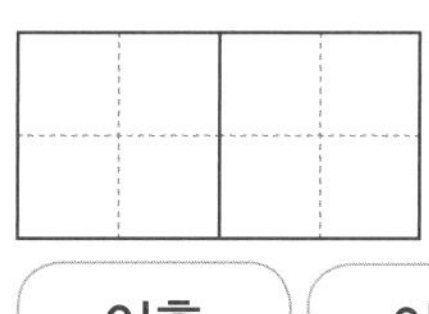, 너를 잡아먹어야겠다!

어흥 야옹

❷ 

오리가 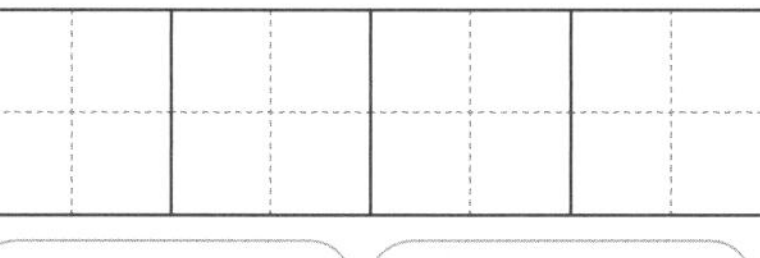 물장구를 칩니다.

폴짝폴짝 첨벙첨벙

❸ 

빨래가  다 말랐어요.

철썩철썩 뽀송뽀송

❹ 날씨가 더워서 땀이 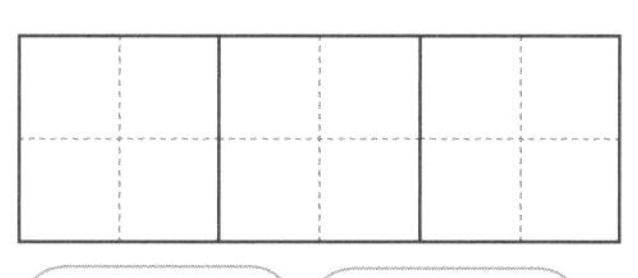 흘렀어요.

주르륵 두둥실

2. 다음 문장을 소리 내어 읽어 보세요. 그리고 바르게 따라 쓰세요.

❶ 아기가 새근새근 낮잠을 잡니다.

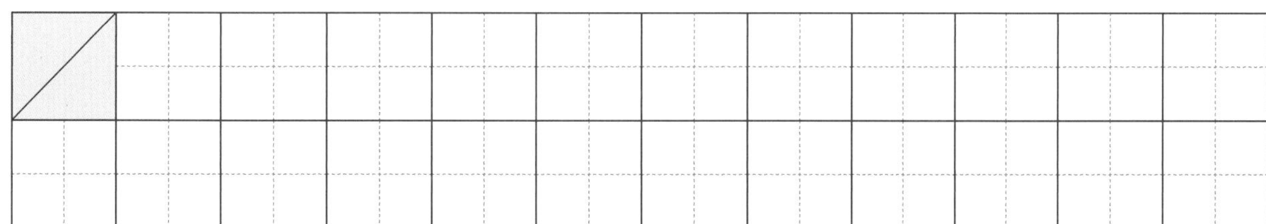

❷ 하늘에서 천둥이 우르릉 쾅쾅 칩니다.

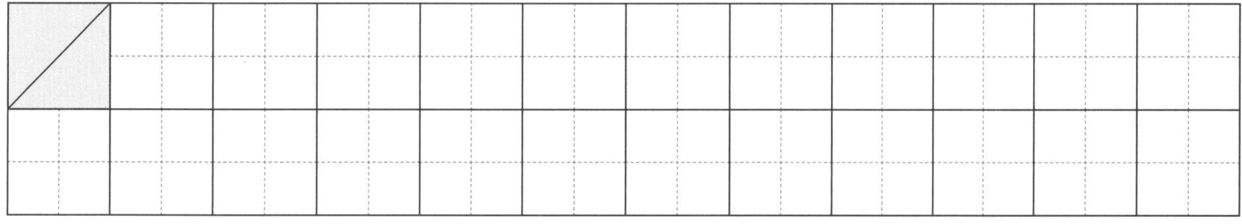

공부한 날짜 /

16 긴 문장을 국어 공책에 써요.

기초 알기

긴 문장을 칸으로 되어 있는 국어 공책이나 원고지에 쓸 때는 지켜야하는 규칙이 있어요. 지금부터 어떤 규칙인지 배워 봅시다.

첫 칸은 비우고 써요.

	우	리	는		함	께
기	차	를		타	고	
여	행	을		갔	다	.

V 다음 줄부터는 띄어 써야 하는 경우에도 V표시를 하고 이어 써요.

문장 부호를 알맞게 써요.

국어 공책이나 원고지는 새로운 글의 묶음 즉 문단이 시작되거나 큰따옴표, 작은따옴표를 쓰는 경우가 아니면 첫 칸을 비우면 안 돼요. 대신 V표시를 하고 다음 칸을 이어 써야합니다.

기초 다지기

띄어 써야 하는 부분에 V 표시를 한 뒤 바르게 따라 쓰세요.

1. 토끼가깡충깡충뛰어산으로도망갔어요.

	토	끼	가		깡	충	깡	충		뛰	어
산	으	로		도	망	갔	어	요	.		

2. 아기오리가첨벙첨벙물장구를칩니다.

	아	기		오	리	가		첨	벙	첨	벙
물	장	구	를		칩	니	다	.			

연습하기

1. 국어 공책에 바르게 쓴 문장을 골라 ○표를 하세요.

❶

배	에	서		꼬	르	륵	꼬	르	륵		소
	리	가		납	니	다	.				

❷

	배	에	서		꼬	르	륵	꼬	르	륵	
소	리	가		납	니	다	.				

❶

원	숭	이	가		나	무		위	에	서	
떨	어	졌	어	요	.						

❷

	원	숭	이	가		나	무		위	에	서
떨	어	졌	어	요	.						

❸

	원	숭	이	가		나	무		위	에	서
	떨	어	졌	어	요	.					

2. 위의 **1**번에서 고른 문장을 아래 빈칸에 바르게 쓰세요.

	배	에	서		꼬	르	륵	꼬	르	륵	
소	리	가		납	니	다	.				

	원	숭	이	가		나	무		위	에	서
떨	어	졌	어	요	.						

확실하게 익히기

1. 보기에서 알맞은 낱말을 골라 이야기를 완성하세요.

 안 개굴개굴 시끄럽게 곰곰이 첨벙첨벙 너무

옛날에 청개구리가 엄마 개구리와 함께 살았습니다. 그런데 청개구리는 엄마 개구리가 말을 하면 늘 거꾸로 행동했습니다. 엄마 개구리가

"청개구리야, 오늘은 개울가에서 놀아라."

라고 말씀하시면 산으로 갔어요. 그리고 다음 날 엄마 개구리가

"청개구리야, 그러면 오늘은 산에서 놀아라."

라고 말씀하시면 개울가에 가서 ①__________ 물장구를 쳤어요.

저녁이 되자 엄마 개구리가 말했어요.

"청개구리야, 밤이 늦었으니까 조용히 있어라."

그러자 청개구리가 시끄럽게 ②__________ 노래했어요. 그래서 엄마 개구리는 청개구리를 혼냈어요.

"청개구리야, 저녁에 ③__________ 노래를 부르면 어떡하니?"

"저는 조용히 하고 싶지 않아요. 그러니까 조용히 ④________ 할 거예요!"

엄마 개구리는 청개구리가 자꾸 말을 안 듣자 속상해서 큰 병에 걸렸습니다. 병에 걸린 엄마 청개구리는 죽기 전에 ⑤________ 생각했습니다.

'내가 청개구리에게 나를 산에 묻으라고 하면 반대로 개울가에 묻겠지? 그러니까 개울가에 묻으라고 해야겠다. 그러면 청개구리가 나를 산에 묻을 거야.'

그래서 엄마 개구리는 청개구리에게 말했어요.

"내가 죽으면 나를 개울가에 묻어주렴."

엄마 청개구리가 죽자 청개구리는 ⑥________ 슬펐습니다. 청개구리는 이번만큼은 엄마 개구리의 말대로 해야겠다고 생각했습니다. 그래서 엄마 개구리를 개울가에 묻었습니다.

그 뒤로 비만 오면 청개구리는 엄마 개구리의 무덤이 떠내려갈까 봐 걱정이 되어서 큰 소리로 웁니다. 비 오는 날 개울가에 가면 청개구리 소리가 들리는 것도 이 때문이지요.

2. 다음 문장을 소리 내어 읽은 뒤 바르게 띄어 써 보세요.

❶ 연필을 바르게 잡고서 글씨를 써요.

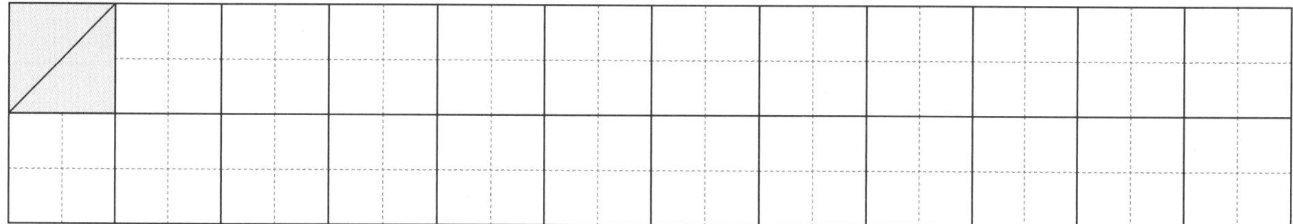

❷ 친구를 바라보며 자신 있게 말해요.

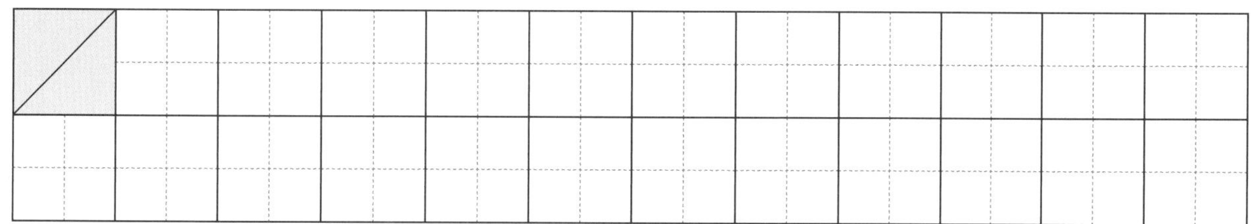

❸ 청개구리가 개굴개굴 큰 소리로 울어요.

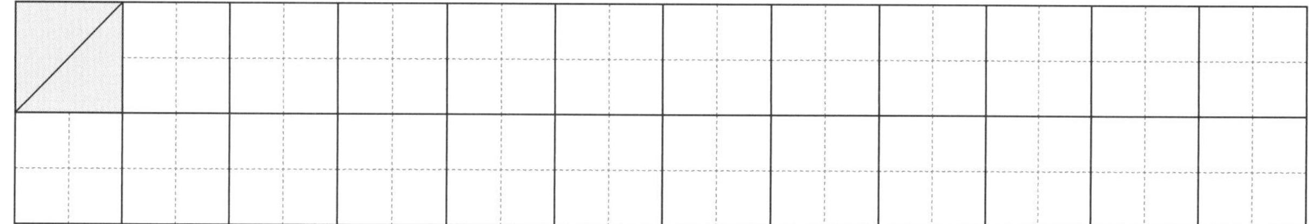

❹ 울긋불긋 단풍잎이 살랑살랑 떨어져요.

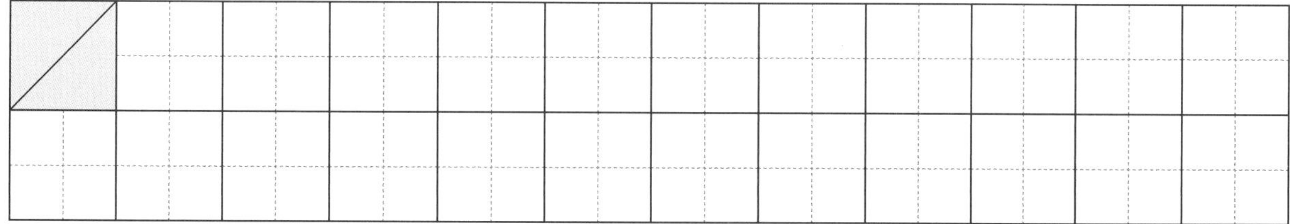

❺ 강아지가 살래살래 꼬리를 흔들어요.

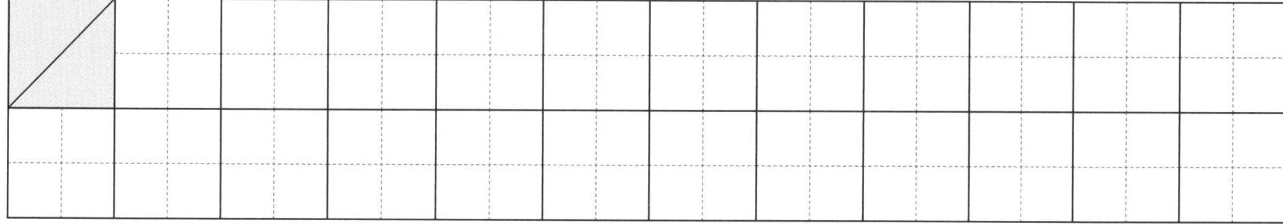

공부한 날짜 /

17 어떤 것인가요?

기초 알기

서술어나 문장을 꾸며주는 낱말도 있지만, 사물이나 사람을 나타내는 말을 꾸며주는 낱말도 있어요. 다음 문장들을 살펴 보세요.

민수가 우산을 쓰고 갑니다.

민수가 **빨간** 우산을 쓰고 갑니다.

민수가 **찢어진** 우산을 쓰고 갑니다.

우산 앞에 '빨간'이나 '찢어진'을 넣으니 민수가 어떤 우산을 쓰고 가는지 잘 알 수 있게 됐어요. 이처럼 사물이나 사람을 꾸며주는 말을 넣으면 어떤 것인지를 자세히 알려줄 수 있답니다.
그리고 '~의'를 앞에 쓰면 누구의 물건인지를 알려줄 수 있습니다.

민수가 우산을 쓰고 갑니다. → 민수가 **동생의** 우산을 쓰고 갑니다.

기초 다지기

다음 문장에 알맞은 낱말을 보기에서 찾아 밑줄 친 부분에 써 보세요.

착한 맛있는 어머니의 새

1. 그 대신 제가 ____________ 떡을 드릴게요.

2. 너는 참 ____________ 아이구나!

3. 어머니가 ____________ 옷을 사주셨습니다.

4. 이것은 ____________ 화장품이다.

연습하기

1. 그림을 본 뒤 알맞은 낱말을 찾아 ○표를 한 뒤 따라 써 보세요.

❶ 

성희가 [노란 / 파란] 풍선을 들고 있다.

➡ ____________________

❷ 

모든 장난감은 [나의 / 착한] 것이에요!

➡ ____________________

❸ 

영빈이가 [새 / 맛있는] 신발을 신었다.

➡ ____________________

2. 다음 문장을 읽고 꾸며주는 말을 찾아 ○표를 하세요. 그리고 바르게 따라 쓰세요.

❶ 놀이동산에는 재미있는 놀이기구가 많다.

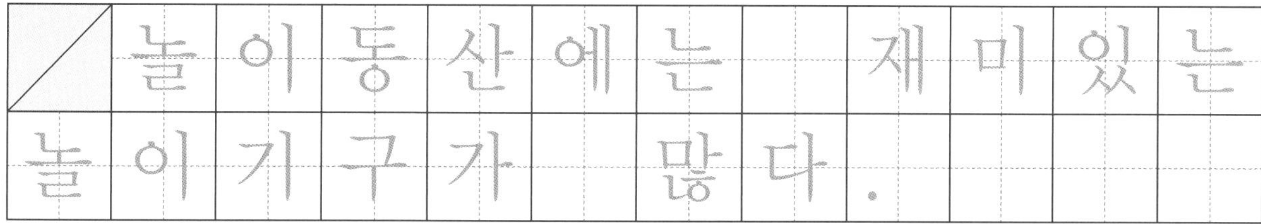

❷ 착한 나무꾼은 큰 상을 받았습니다.

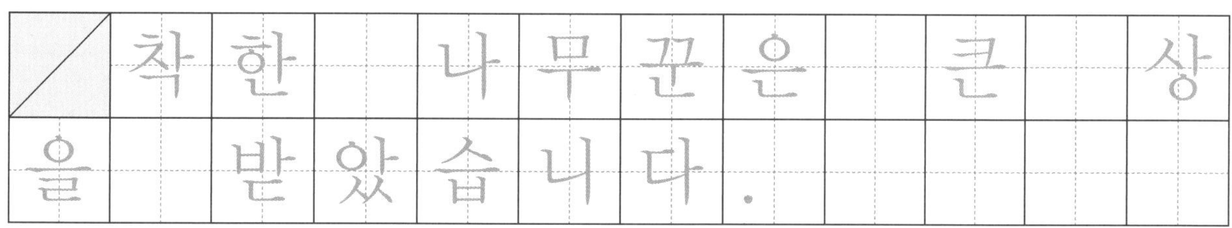

공부한 날짜 /

18 조사는 항상 붙여 써야 해요.

기초 알기

주어와 목적어를 배울 때 주어에는 '이'나 '가'가 붙고, 목적어에는 '을'이나 '를'이 붙는다는 것을 배웠어요. 그리고 누구의 것인지를 나타낼 때는 '의'가 붙습니다. 이런 낱말을 조사라고 합니다. 조사는 항상 앞말에 붙여 써야 합니다. 그리고 혼자서는 쓸 수 없어요. 그렇다면 '이', '가', '을', '를' 외에 중요한 조사는 무엇이 있을까요? 다음 표를 보며 배워 봅시다.

은 / 는	기린은 목이 너무 길어 / 나는 세상에서 가장 크게 웃어!
도	나도 겨울을 좋아해요.
에	아침에 일찍 일어나서 학교에 갔다.
의	그것은 나의 책이다.
와 / 과	친구와 같이 갔다. / 친구들과 박물관에 갔다.
에게	친구에게 선물을 주었다.
에서	동물원에서 사막 여우를 보니 귀여웠다.

기초 다지기

다음 빈칸에 알맞은 조사를 위에서 찾아 써 보세요.

1. 장미 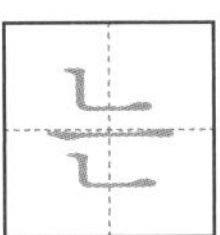 가시가 있어요.

2. 그건 동생 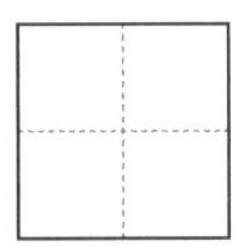 가방이다.

3. 민희 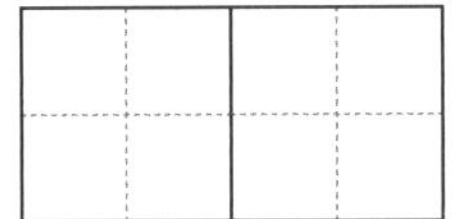 편지를 보냈다.

4. 너 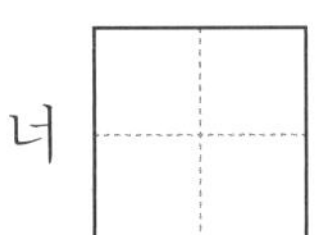 같이 갈래?

5. 할머니 댁 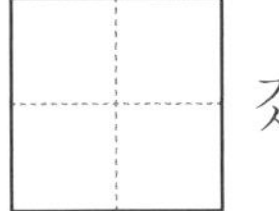 갔다.

1. 알맞은 글자를 찾아 ○표를 한 뒤 빈칸에 써 보세요.

❶

(   ) 부지런하다.

개미를 개미는

❷

나는 (   ) 함께 춤을 춥니다.

친구와 친구는

❸

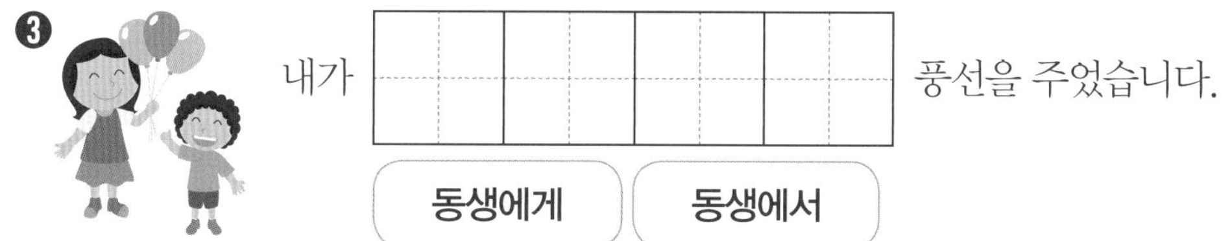

내가 (   ) 풍선을 주었습니다.

동생에게 동생에서

❹

아빠는 (   ) 돌아오십니다.

저녁도 저녁에

2. 다음 문장을 소리 내어 읽어 보세요. 그리고 바르게 따라 쓰세요.

❶ 나는 코끼리도 좋아합니다.

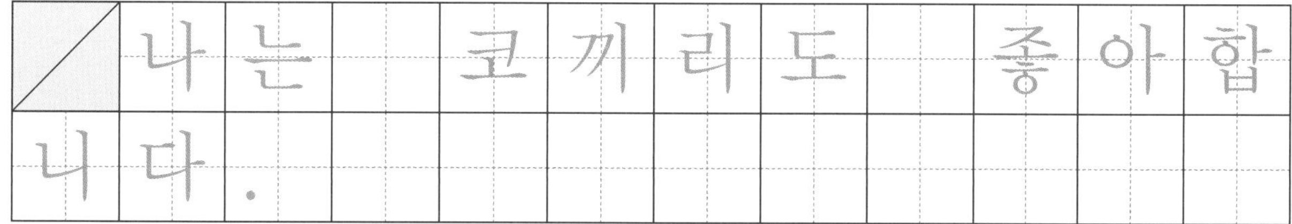

	나	는		코	끼	리	도		좋	아	합
니	다	.									

❷ 친구와 도서관에 가서 책을 빌렸습니다.

	친	구	와		도	서	관	에		가	서
책	을		빌	렸	습	니	다	.			

공부한 날짜 /

19 혼자서는 쓸 수 없어요.

기초 알기

조사가 항상 앞 말에 붙여 쓴다면 항상 띄어 써야 하는 낱말도 있어요. 이 낱말들은 혼자 쓰이지 못하고 앞에 꾸며주는 말이 와야 합니다. 다음 표를 보며 무엇이 있는지 배워 봅시다.

것	이 우산은 언니의 **것**이다.
수	나는 할 **수** 있어.
줄	토끼의 말이 거짓말인 **줄** 모르고 속았다.
만큼	아는 **만큼** 보인다.
때문	숙제 **때문**에 늦게 잤다.
뻔	넘어질 **뻔**했다.

기초 다지기

올바른 문장이 되도록 선을 이어 보세요.

1. 우리는 할 • • 것 • • 있다.

그 컵은 나의 • • 수 • • 이다.

2. 너 • • 뻔 • • 했다.

여우에게 속을 • • 때문에 • • 망가졌잖아!

1. 바르게 띄어 쓴 것을 골라 ○표를 하세요.

❶ 지각 할 뻔했다.

❷ 지각 할뻔 했다.

❸ 지각할 뻔했다.

❶ 나는 할 줄 몰라요.

❷ 나는 할줄몰라요.

❸ 나는 할 줄몰라요.

❶ 돌때문에 넘어졌다.

❷ 돌 때문에 넘어졌다.

❸ 돌 때문에넘어졌다.

2. 다음 문장에서 잘못 쓴 부분을 찾아 밑줄 치세요. 그리고 아래 빈칸에 바르게 따라 쓰세요.

❶ 그런줄도 모르고 화낼뻔했구나.

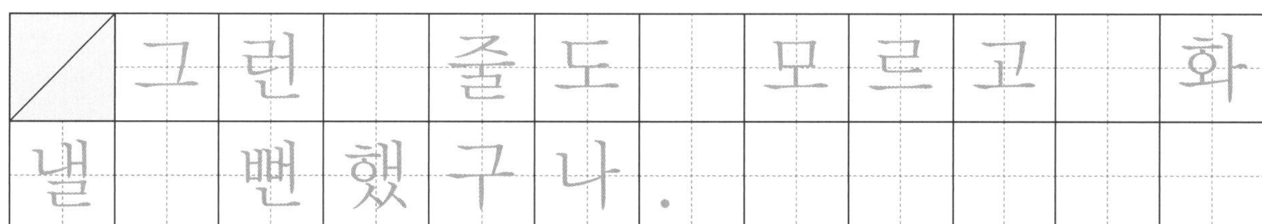

그런 줄도 모르고 화낼 뻔했구나.

❷ 먹을수있는 만큼만 먹으렴.

먹을 수 있는 만큼만 먹으렴.

공부한 날짜 /

20 문장과 문장을 이어요.

기초 알기

문장과 문장이 이어지는 내용일 때는 이어주는 말이 필요합니다. 이어주는 말은 문장과 문장을 자연스럽게 연결해주는 징검다리 역할을 하지요. 이어 주는 말은 무엇이 있는지 살펴봅시다.

그리고 **또**	앞의 문장과 뒤의 문장이 같은 내용으로 이어질 때 쓴다. 예) 진호는 달리기를 잘합니다. **그리고** 그림도 잘 그립니다.
그러나 **하지만**	앞의 문장과 뒤의 문장이 반대되는 내용으로 이어질 때 쓴다. 예) 선희는 사과를 좋아합니다. **그러나** 포도는 싫어합니다.
그래서 **때문에**	두 문장이 서로 원인과 결과일 때 쓴다. 예) 어제는 아주 아팠습니다. **그래서** 학교에 못 갔어요.

기초 다지기

다음 두 문장을 읽고 자연스럽게 이어주는 말에 ○표를 하세요.

1. 지수는 아이스크림을 많이 먹었습니다. [그래서 / 그러나] 배탈이 났습니다.

2. 준호는 깨끗이 세수를 했습니다. [그리고 / 그러나] 양치질도 했습니다.

3. 준혁이는 주사를 맞았습니다. [그래서 / 그러나] 별로 아프지 않았습니다.

4. 어머니가 아이에게 곶감을 주셨습니다. [그래서 / 그리고] 아이가 울음을 그쳤습니다.

연습하기

1. 다음 두 문장을 읽고 자연스럽게 이어주는 말을 쓰세요.

❶ 지수는 단 것을 좋아해요. [ ] 사탕은 좋아하지 않아요.

❷ 친구가 나를 놀렸어요. [ ] 나는 화가 났어요.

❸ 나는 아이스크림을 먹었습니다. [ ] 빵도 먹었습니다.

❹ 정희는 이가 아팠어요. [ ] 치과에 갔어요.

❺ 우리는 동물원에서 사자를 봤어요. [ ] 코끼리도 봤어요.

❻ 나는 동생을 좋아해요. [ ] 가끔은 동생과 싸워요.

❼ 실수로 그릇을 떨어뜨렸어요. [ ] 그릇이 깨졌어요.

2. 앞 문장을 읽고 이어지는 말과 뒤의 문장을 이어 보세요.

	• 그리고 •	• 운동회에서 달리기 1등을 했어요.
진수는 달리기를 잘해요. •	• 그러나 •	• 줄넘기도 잘해요.
	• 그래서 •	• 자전거는 잘 못 타요.

확실하게 익히기

1. 문장과 문장을 이어주는 말에 동그라미를 치며 이야기를 읽으세요.

옛날에 어느 서당에 훈장님이 아이들을 가르치고 계셨습니다. 어느 날, 훈장님은 아이들이 얼마나 똑똑한지 알아보고 싶어졌습니다. 그래서 아이들에게 문제를 하나 냈습니다.

"얘들아, 잠시 공부를 멈추고 나를 보아라."

그러자 아이들이 모두 ①훈장님이 바라보았습니다.

"지금부터 방 안에 있는 나를 방 밖으로 나가게 해보아라. 성공한다면 귀한 것을 선물로 주겠다. 할 수 있겠느냐?"

아이들은 훈장님을 방 밖으로 나가게 할 방법을 열심히 생각해보았습니다. 하지만 좋은 방법이 떠오르지 않았습니다.

②첫번째로 돌쇠가 훈장님께 말했습니다.

"훈장님! 훈장님 댁에 불이 났어요!"

"그래? ③어쩔수없지. 오늘부터는 서당에서 지내야겠구나."

훈장님은 웃으며 말씀하셨어요.

개똥이가 힘으로 훈장님을 끌어내려고 했어요. 그러나 훈장님의 힘이 더 셌어요. 결국, 개똥이는 포기했어요.

이번에는 꽃분이 훈장님께 말했어요.

"훈장님, 밖에 손님이 오셨어요."

그러자 훈장님은 밖을 내다보시더니,

"내가 ④속을줄알았니? 밖에 아무도 안 보이는구나."

라고 말씀하셨지요.

어떻게 해야 할지 아이들이 열심히 생각하고 있는데, 막둥이가 말을 했어요.

"훈장님, 너무 어려워요."

"잘 생각을 해야지 벌써 어렵다고 하면 어떻게 하느냐. 잘 생각해 보거라."

훈장님의 말을 듣고 막둥이가 다시 말했어요.

"방 안에 계신 훈장님을 방 밖으로 나가시게 하는 건 너무 어려워요. 하지만 방 밖에 계시는 훈장님을 방 안으로 들어가시게 하는 것은 쉬울 것 같아요."

그러자 훈장님이 말씀하셨어요.

"방 안에서 나가게 하는 것이나, 방 밖에서 들어가게 하는 것이나 둘 다 똑같은 것 아니냐? 왜 방 안으로 들어가게 하는 건 쉽다는 거냐?"

"아니에요. 전혀 달라요. 방 밖에만 나가시면 들어가시게 ⑤할수있어요."

훈장님은 자신 있어 보이는 막둥이의 말에 웃으시며 밖으로 나갔습니다. 그러자 막둥이가 웃으며 따라 나왔습니다.

"아니 막둥아, 들어가게 한다더니 왜 웃기만 ⑥하는것이냐?"

"제가 훈장님을 방 밖으로 나가게 했습니다. 그러니까 저한테 상을 주세요."

"아이쿠, 그렇구나. 내가 막둥이에게 깜박 속았구나!"

훈장님은 웃으시며 막둥이를 칭찬하셨습니다. 그리고 약속대로 상도 주셨습니다.

2. 위의 이야기에서 잘못된 부분을 찾아 아래에 바르게 써 보세요.

❶ ______________________ ❷ ______________________

❸ ______________________

❹ ______________________

❺ ______________________

❻ ______________________

확실하게 익히기

3. 다음 문장을 소리 내어 읽은 뒤 바르게 띄어 써 보세요.

❶ 나도 여름이 좋아요.

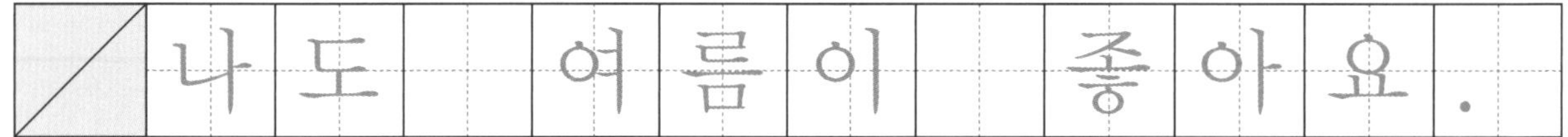

❷ 허겁지겁 뛰다가 넘어질 뻔했다.

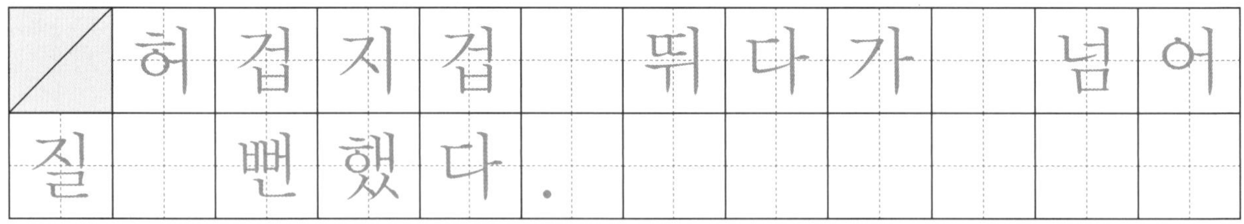

❸ 사슴은 숲으로 뛰어 도망갔습니다.

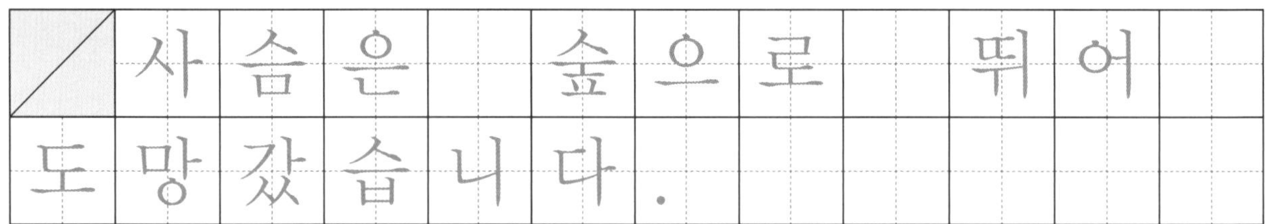

❹ 듣는 사람을 바라보며 큰 소리로 말해요.

듣는 사람을 바라보며
큰 소리로 말해요.

❺ 동생이 나의 공책에 낙서를 했어요. 그래서 화가 났어요.

╱	동	생	이		나	의		공	책	에	
낙	서	를		했	어	요	.	그	래	서	
화	가		났	어	요	.					

❻ 나는 종알종알 말이 많아요. 그러나 민석이는 항상 조용해요.

╱	나	는		종	알	종	알		말	이	
많	아	요	.	그	러	나		민	석	이	는
항	상		조	용	해	요	.				

❼ “방 밖에만 나가시면 들어가시게 할 수 있어요.”

╱	“	방		밖	에	만		나	가	시	면
	들	어	가	시	게		할		수		있
	어	요	.”								

Part 4
정리하기

지금까지 배운 내용들을 복습해 봅시다.

열심히 공부했으니 잘 할 수 있을거예요.

모르는 부분이 있으면 앞에서 배운 내용을 다시 읽어보세요.

모두 다 풀면 맞춤법과 띄어쓰기 박사가 된 자신을 발견할 수 있을 거예요.

자, 그럼 화이팅!

공부한 날짜 /

점수 점 / 100점

기초평가 01

낱말을 읽고 오른쪽 빈칸에 바르게 고쳐 쓰세요.

1. 개단

2. 색갈

3. 그내

4. 펼리

5. 옜날

6. 해빚

7. 장남감

8. 똑가치

9. 연필까끼

10. 얘쁘다.

공부한 날짜 /　　　점수　　　점 / 100점

기초평가 02

낱말을 읽고 오른쪽 빈칸에 바르게 고쳐 쓰세요.

1. 산낄

2. 공뇽

3. 힌색

4. 나무잎

5. 돌맹이

6. 떡뽀끼

7. 꽃무니

8. 가만이

9. 외냐하면

10. 띠어쓰기

공부한 날짜 /　　　점수　　점 / 100점

기초평가 03

밑줄 그은 낱말을 오른쪽 빈칸에 바르게 고쳐 쓰세요.

1. 차래를 지켜요.

2. 공부를 마니 했다.

3. 이를 닥고 왔어요.

4. 책상 밑에 수머 있었다.

5. 너므 어려웠다.

6. 박물관에 갔따.

7. 병이 낳다.

8. 의자에 안다.

9. 잃어버린 물건을 찼았다.

10. 나는 너무너무 화나써!

공부한 날짜 /

점수 점 / 100점

기초평가 04

밑줄 그은 낱말을 오른쪽 빈칸에 바르게 고쳐 쓰세요.

1. 배개를 베고 잤다.

2. 다 가치 공놀이하자.

3. 물고기가 해엄친다.

4. 개절이 봄으로 바뀌었다.

5. 파라케 바다를 칠했다.

6. 제가 할께요.

7. 먹기 시러요.

8. 실수로 발을 발았다.

9. 스티커를 공책에 부치다.

10. 동생에게 국어를 가르켰다.

공부한 날짜 / 점수 점 / 100점

기초평가 05

잘못된 부분을 찾아 X표를 한 뒤 오른쪽 빈칸에 바르게 고쳐 쓰세요.

1. 꼬치 피었다.

2. 글짜를 틀렸다.

3. 과학자가 돼고 싶어요.

4. 엄마가 찌게를 끓이셨다.

5. 그러케 하면 안 된다.

6. 과자를 먹고 십다.

7. 애들아, 안영?

8. 책을 일겄다.

9. 문이 다쳤다.

10. 정말 고마어.

공부한 날짜 /　　　점수　　　점/ 100점

기초평가 06

잘못된 부분을 찾아 X표를 한 뒤 오른쪽 빈칸에 바르게 고쳐 쓰세요.

1. 그러면 않 된다.

2. 그것은 나에 책이다.

3. 가이로 종이를 잘랐다.

4. 새가 노피 날아간다.

5. 도둑을 쫒아 갔다.

6. 문제가 너무 십다.

7. 나는 힘이 새다.

8. 자려고 불을 꼈다.

9. 개가 짓는다.

10. 지해로운 임금님

공부한 날짜 /

점수 점 / 100점

기초평가 07

다음 글을 읽고 바르게 따라 쓰세요.

1. 나는 어제 숙제를 열심히 했다.

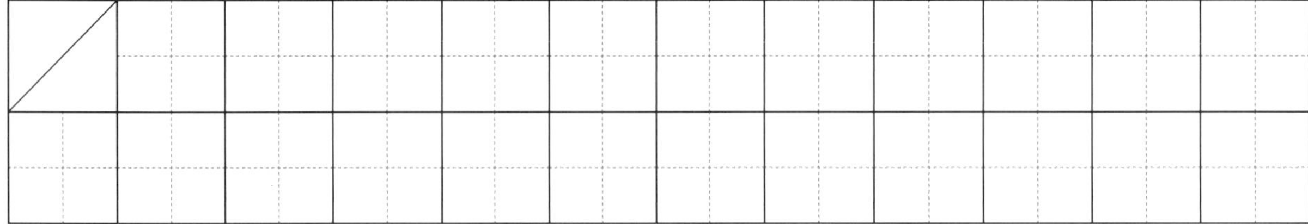

2. 수박밭에 수박이 주룩주룩 비를 맞고 있다.

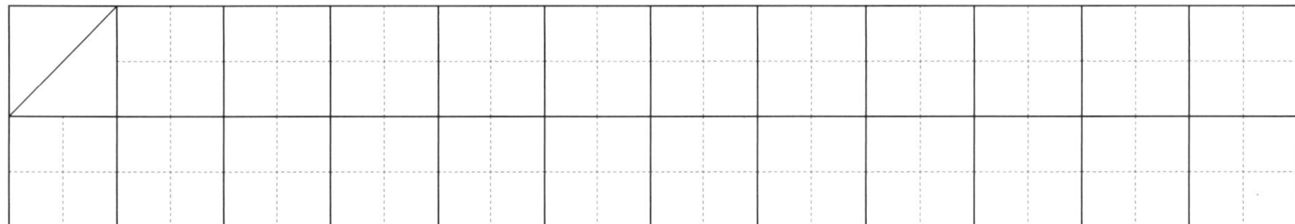

3. "지수야, 안녕? 방학동안 잘 지냈니?"

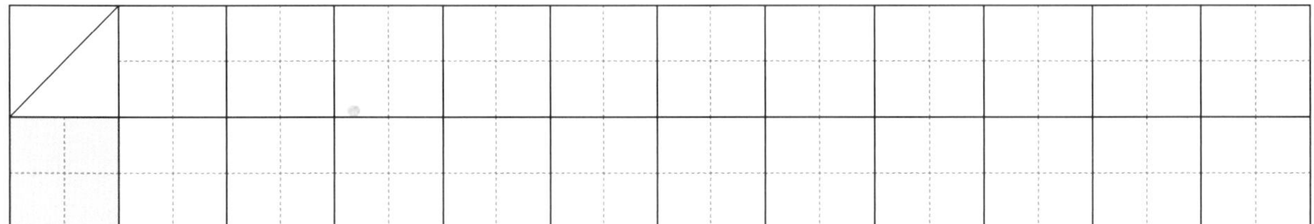

4. "누나, 한 번만 내가 산책시키면 안 돼? 제발 부탁이야."

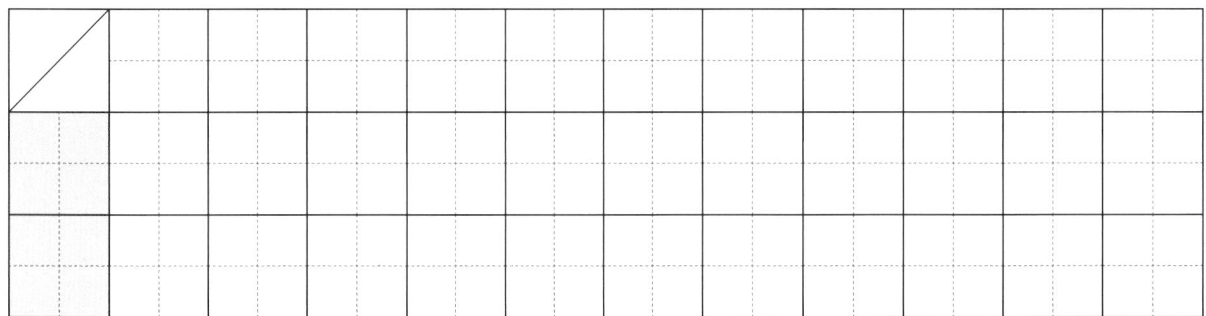

공부한 날짜 /　　　　점수 점/ 100점

기초평가 08

올바른 문장이 되도록 [ ] 의 순서를 바꾸어 써 보세요.

1. 편지를 | 쓴다. | 은하가

2. 만났었다. | 우리는 | 어제 | 공원에서

3. 자루를 | 샀다. | 연필 | 다섯 | 하은이는

4. 나는 | 문제도 | 풀 | 수 | 어려운 | 있어요.

공부한 날짜 /　　　　점수　　　점 / 100점

기초평가 09

다음 문장을 읽고 띄어쓰기를 잘못한 부분을 찾아 ○표를 한 뒤, 올바르게 고쳐 쓰세요.

1. 나도 할수있어.

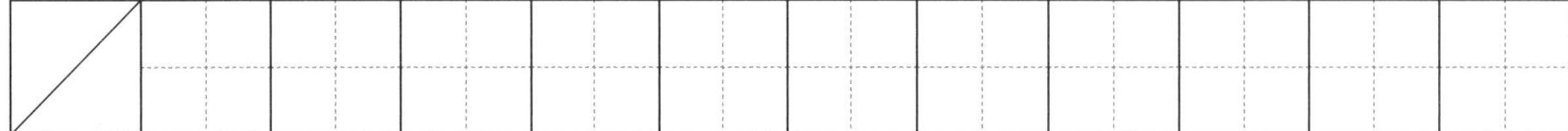

2. 나의 동생은 지금 다섯살입니다.

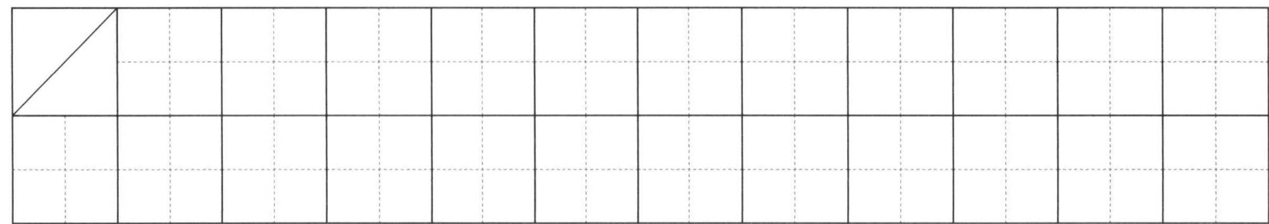

3. 할아버지께서 멋진선물을 주셨습니다.

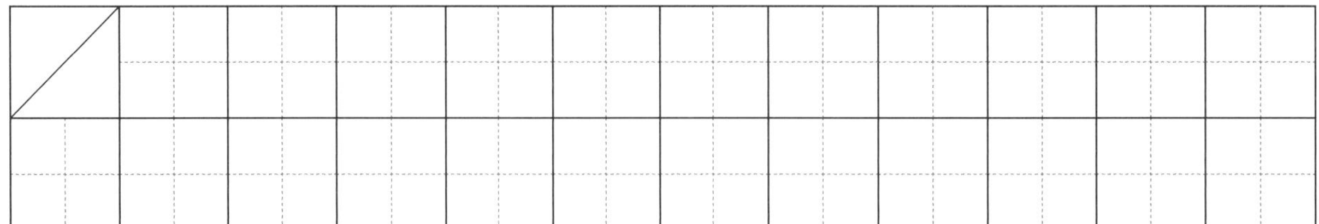

4. 민수가 첫번째로 노래를 불렀다.

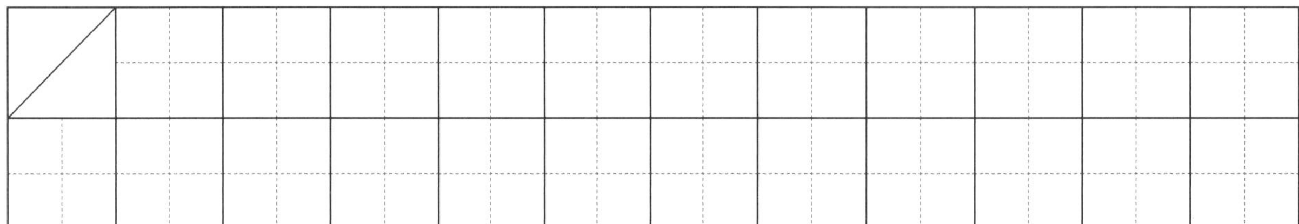

5. 갑자기 어두워져서 촛 불을 켰다.

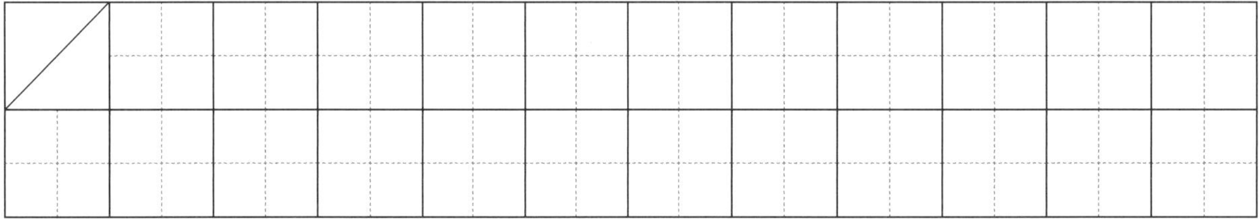

공부한 날짜 /　　　　점수　　　점 / 100점

기초평가 10

띄어 써야 하는 부분에 ∨표시를 한 뒤 아래 빈칸에 바르게 띄어 쓰세요.

1. 민수야,어디가니?

2. 어머니께서새옷을사주셨습니다.

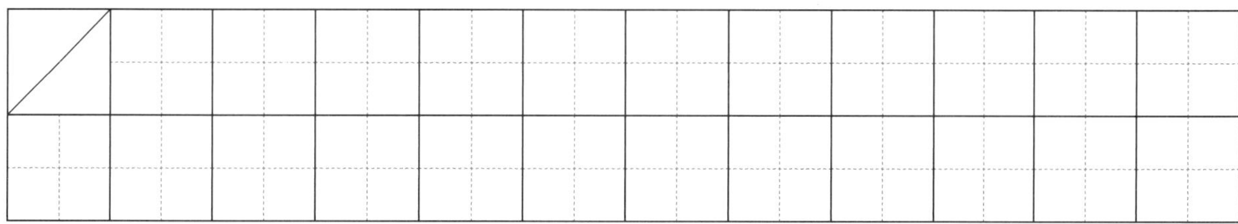

3. 첫째,친구들과사이좋게지내요.

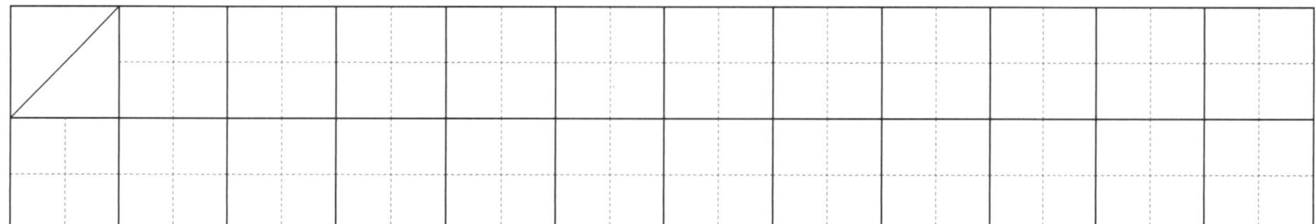

4. 개구리들이개굴개굴합창을합니다.

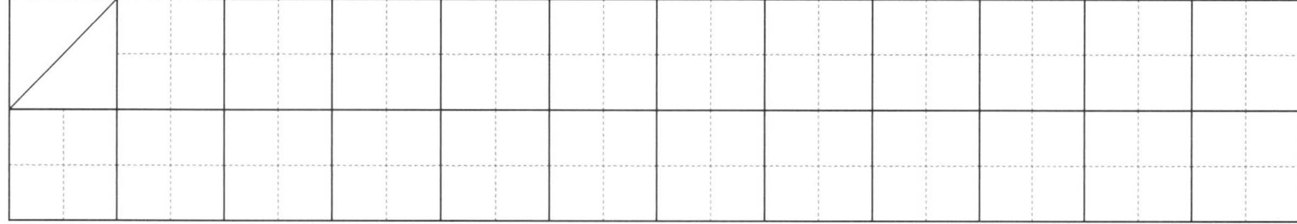

5. 남의물건을함부로만지면안된다.

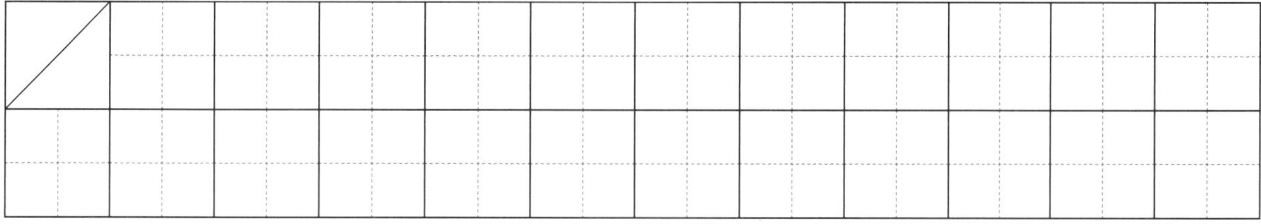

공부한 날짜 / 점수 점 / 100점

기초평가 11

띄어 써야 하는 부분에 ∨표시를 한 뒤 아래 빈칸에 바르게 띄어 쓰세요.

1. 넘어질뻔했어.

2. 노란해바라기를다섯송이샀습니다.

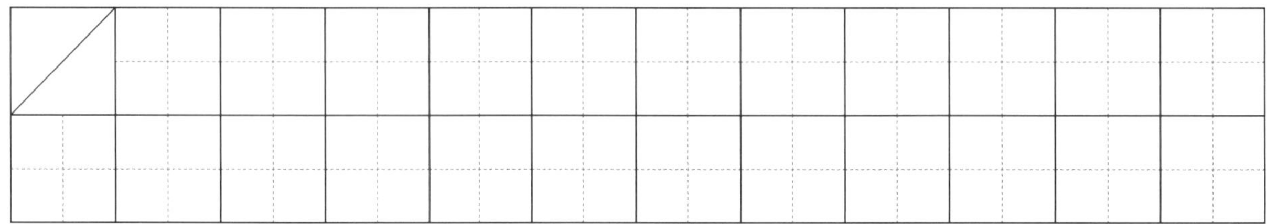

3. 둘째언니는나보다한살더많다.

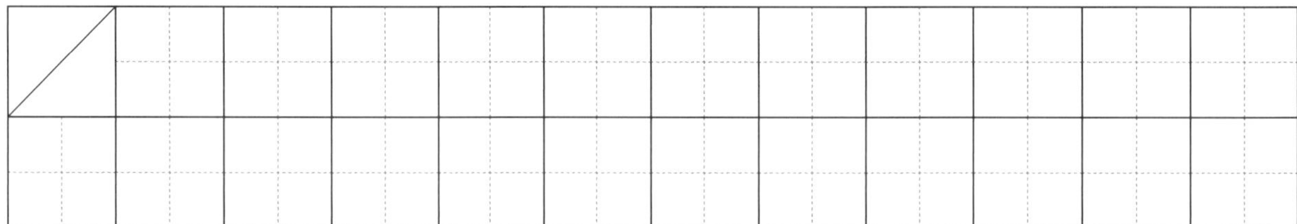

4. "할아버지, 생신축하드려요."

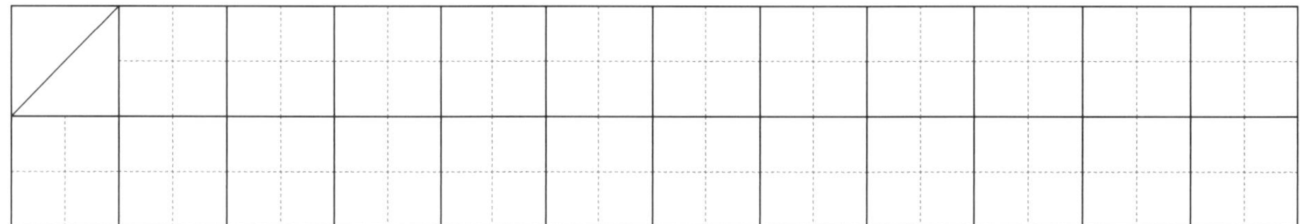

5. '음…… 연필을어디에두었더라?'

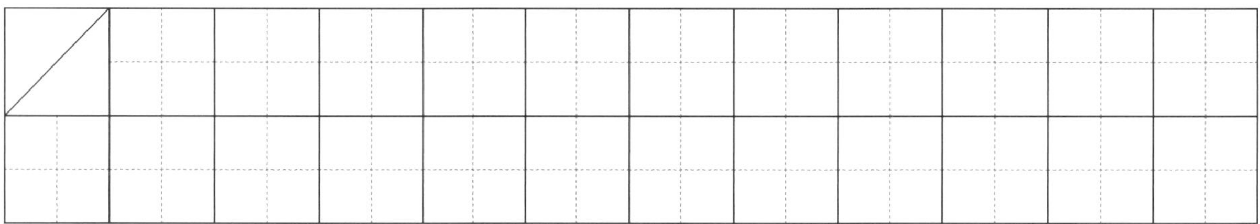

공부한 날짜 /

점수 점 / 100점

기초평가 12

보기의 글을 아래 빈칸에 바르게 띄어 쓰세요.

보기 어제부터 감기에 걸려서 기침이 자주 나고 열도 높았습니다. 그래서 병원에 갔습니다. 의사 선생님께서 친절하게 진찰해 주셨습니다. 그리고 주사도 맞았습니다. 약이 너무 썼습니다. 빨리 나아서 밖에서 놀고 싶습니다.

공부한 날짜 / 점수 점 / 100점

총평가 01

1. 바르게 쓴 문장을 골라 ○표를 하세요.

❶

㉠ 나하고 가치 놀래?

㉡ 나하고 같이 놀래?

㉢ 나 하고 같이 놀래?

❷

㉠ 나는 피망이 실어요.

㉡ 나는 피망이 시러요.

㉢ 나는 피망이 싫어요.

❸

㉠ 내가 안 했어요!

㉡ 내가 않 했어요!

㉢ 내가 안했어요!

2. 밑줄 그은 낱말을 오른쪽 빈칸에 바르게 고쳐 쓰세요.

❶ 과자를 하나씩 <u>나너</u> 가졌다.
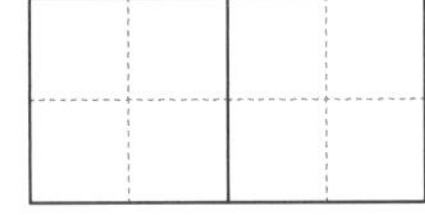

❷ <u>장농</u> 속에 숨었다.

❸ <u>나무잎</u>이 살랑살랑 떨어진다.
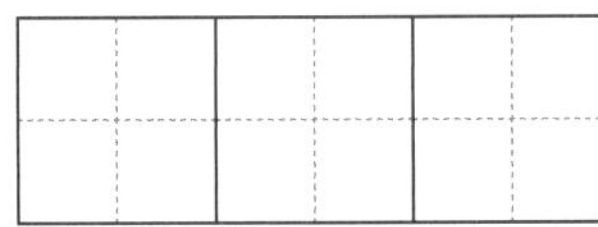

❹ 아직 먹으면 <u>안 돼다.</u>

3. 문장을 읽고 바른 낱말을 찾아 ○표를 해 보세요.

❶ 진호는 우리 반의 [말썽쟁이 / 말썽장이] 이다.

❷ 나는 민경이와 [어제 / 내일] 놀이터에 갔었다.

❸ 약을 먹으니 배탈이 [낳다. / 낫다.]

4. 올바른 문장이 되도록 [   ] 의 순서를 바꾸어 써 보세요.

❶ 잘 / 노래를 / 부른다. / 성희는

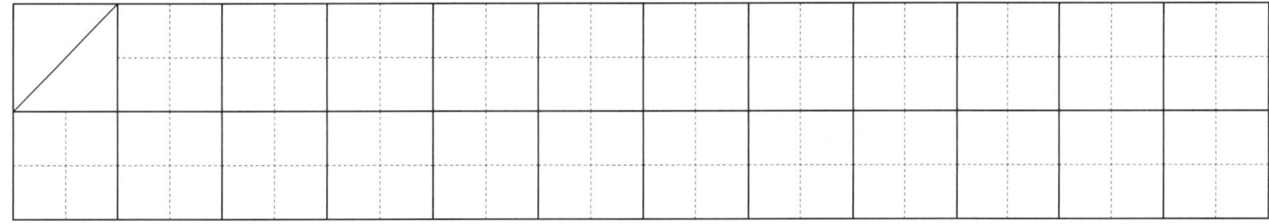

❷ 감기에 / 못 / 학교를 / 간다. / 걸려서

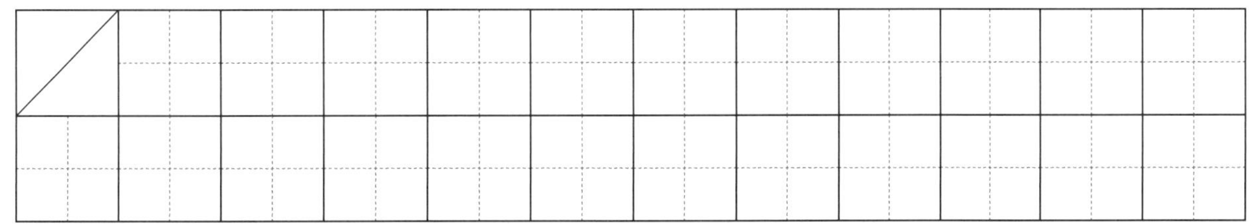

공부한 날짜 /　　　점수 점 / 100점

총평가 02

1. 잘못된 부분을 찾아 X표를 한 뒤 오른쪽 빈칸에 바르게 고쳐 쓰세요.

❶ 의자에 안사 책을 읽었다.

❷ 나뭇가지를 꺽어 지팡이로 만들었다.

❸ 같이 놀러 갔스면 좋겠다.

❹ 귀여운 강아지 네마리

❺ 학교애서 무엇을 했니?

2. 다음 문장을 읽고 잘못 쓴 부분을 찾아 ○표를 한 뒤, 올바르게 고쳐 쓰세요.

❶ 새로 산 장남감으로 병원 놀이를 했다.

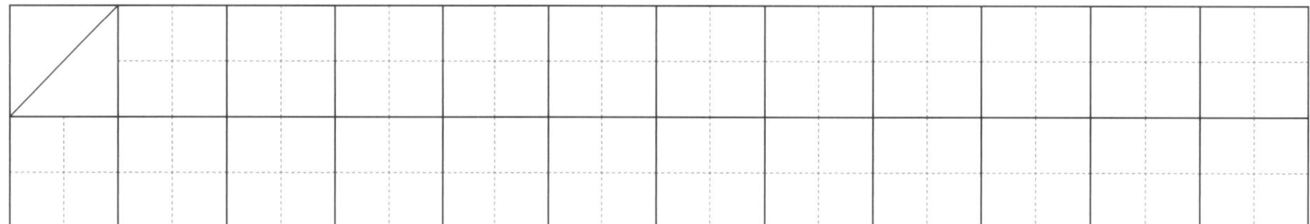

❷ 꽂밭에는 튤립이 열 송이 피어있다.

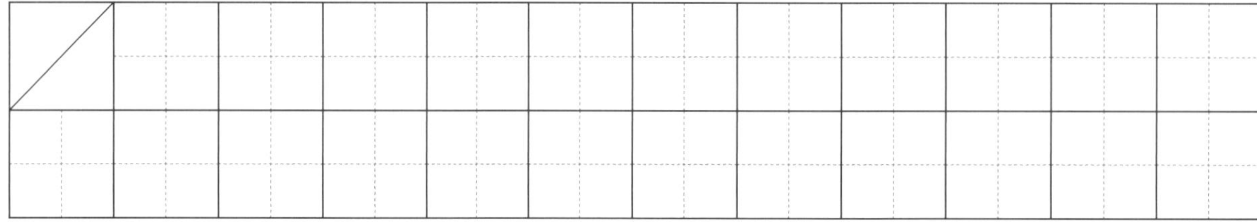

3. 문장을 읽고 바른 낱말을 찾아 ○표를 해 보세요.

❶ 깜박하고 숙제를 (**안** / **않**) 해서 선생님께 혼이 났다.

❷ 토끼가 (**깡충깡충** / **껑충껑충**)뛰어갔다.

❸ 고양이가 (**생선이** / **생선을**) 먹는다.

❹ 동생이 새로 산 신발을 (**먹는다.** / **신는다.**)

❺ 할머니의 (**생신** / **생일**)이라 모두 함께 저녁을 먹었다.

4. 띄어 써야 하는 부분에 ∨표시를 한 뒤 아래 빈칸에 바르게 띄어 쓰세요.

❶ 동물들은모두쿨쿨잠을잡니다.

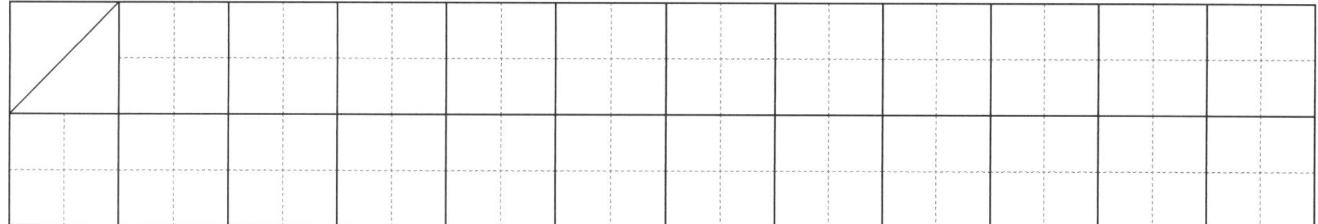

❷ 반듯한자세로앉아서책을읽어요.

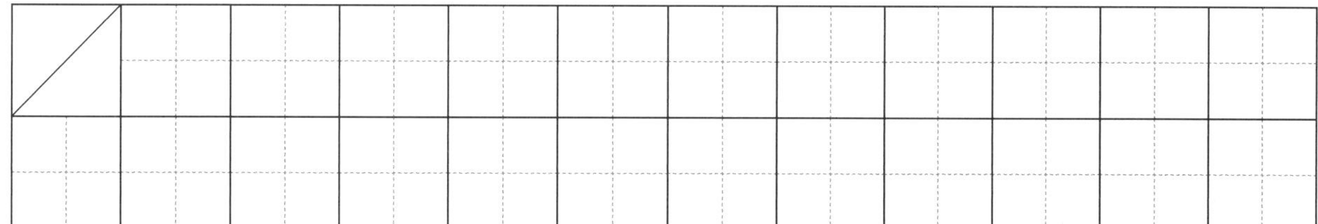

❷ "엄마, 내가백점을받았어요!"

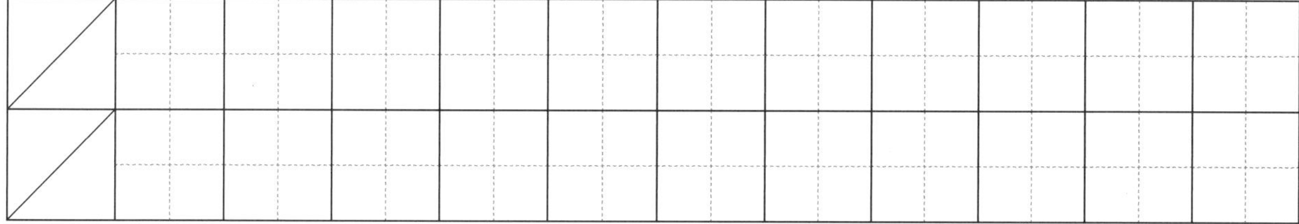

공부한 날짜 / 점수 점 / 100점

총평가 03

1. 바르게 쓴 문장을 골라 ○표를 하세요.

❶

㉠ 빗소리가 들려요.

㉡ 비소리가 들려요.

㉢ 빗 소리가 들려요.

❷

㉠ 안녕?반가워.

㉡ 안영?반가워.

㉢ 안녕? 반가워.

❸

㉠ 제채기가 자꾸 나온다.

㉡ 재채기가 자꾸 나온다.

㉢ 재채기가 자구 나온다.

2. 다음 밑줄친 부분을 올바르게 고쳐 쓰세요.

❶ 우리 <u>갔이</u> 가자.

❷ 나는 <u>겁장이</u>가 아니야.

❸ 내 사탕을 <u>줄께.</u>

❹ 거북이의 걸음이 <u>늘이다.</u>

3. 문장을 읽고 바른 낱말을 찾아 ○표를 해 보세요.

❶ 글씨를 바르게 [띠어 / 띄어] 썼다.

❷ 사고 싶은 인형을 손으로 [가르쳤다. / 가리켰다.]

❸ 물고기들을 [가만이 / 가만히] 바라보았다.

❹ 감자를 [삶다. / 삼다.]

4. 올바른 문장이 되도록 [ ] 의 순서를 바꾸어 써 보세요.

❶ 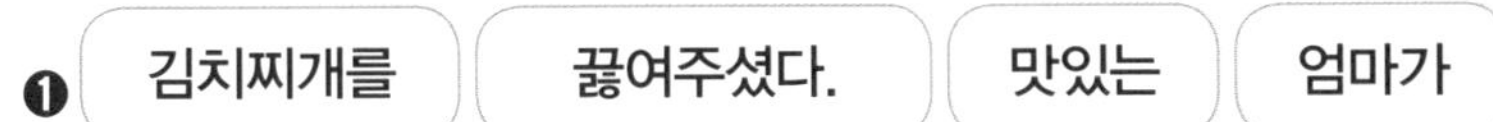

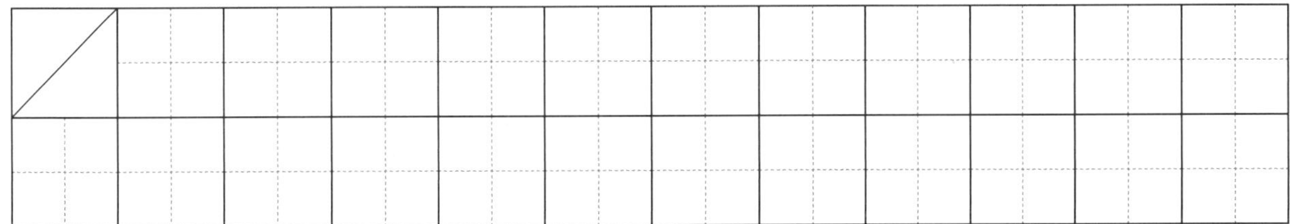

❷ 

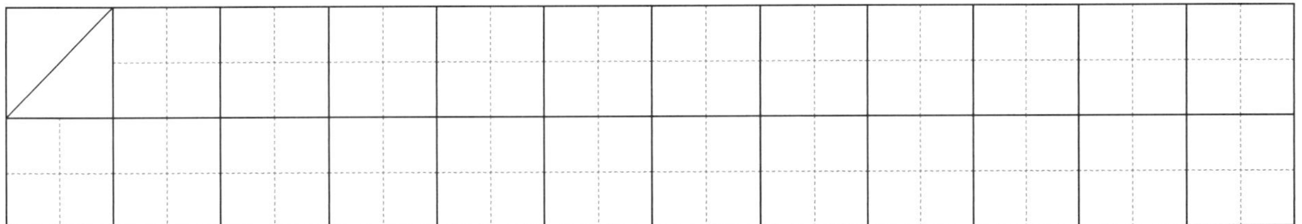

❸ 

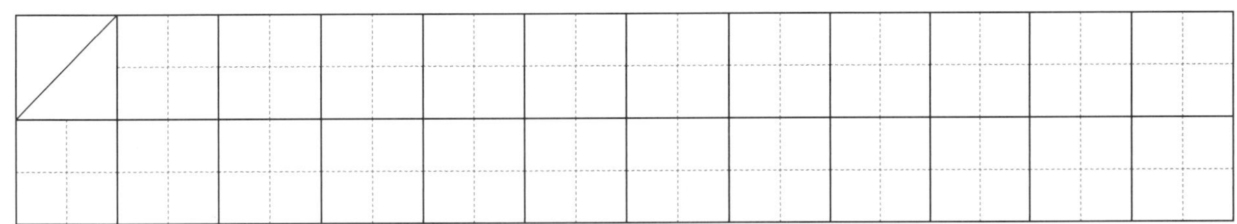

공부한 날짜 /　　　　점수　　　점 / 100점

총평가 04

1. 잘못된 부분을 찾아 X표를 한 뒤 오른쪽 빈칸에 바르게 고쳐 쓰세요.

❶ 삐뚤빼뚤 써진 글시

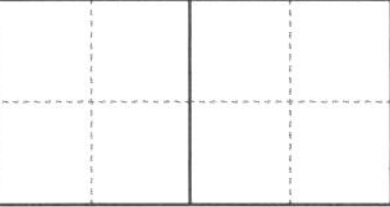

❷ 손을 씼고 와서 밥을 먹어라.

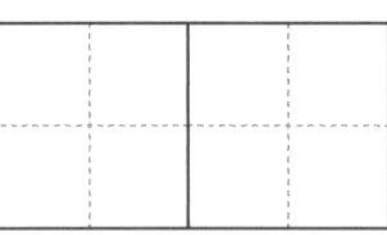

❸ 짤븐 연필과 긴 연필이 있다.

❹ 간식이 업서서 슬펐다.

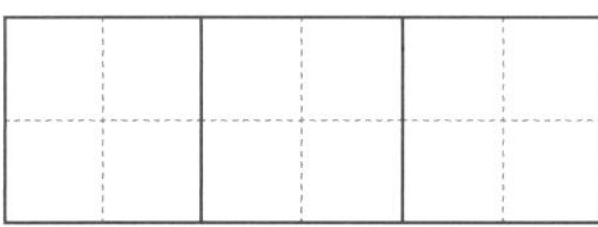

❺ 외냐하면 재미있기 때문이야.

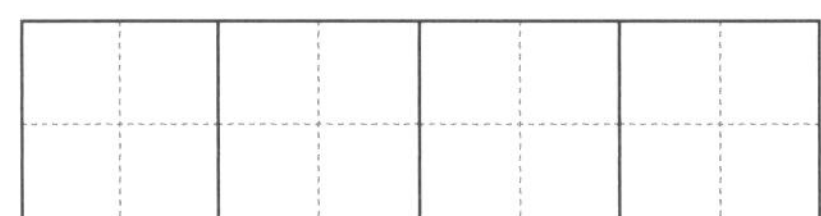

2. 다음 문장을 읽고 잘못 쓴 부분을 찾아 ○표를 한 뒤, 올바르게 고쳐 쓰세요.

❶ 은하는 열씨미 달려서 일 등을 했다.

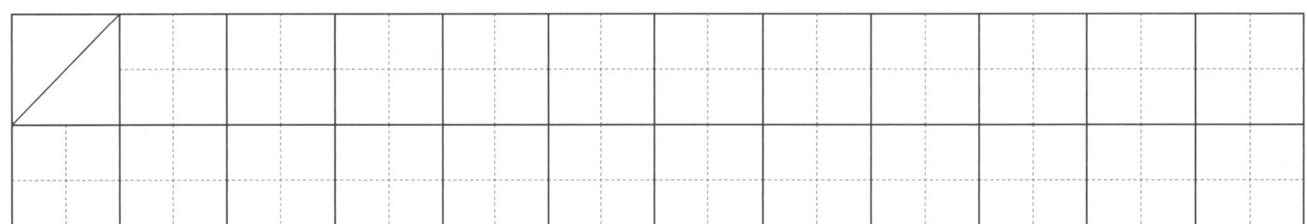

❷ 열 시가 돼서 가개가 문을 닫았다.

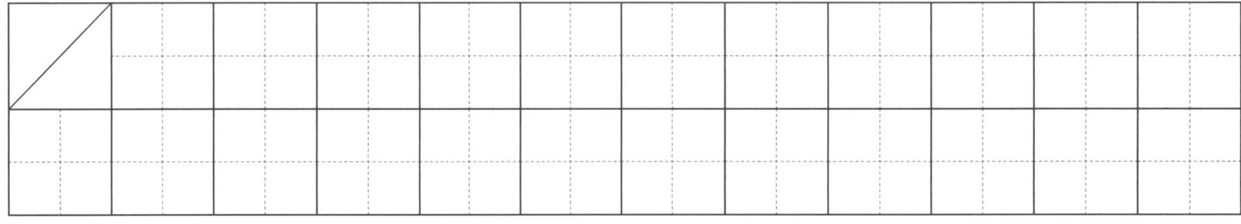

3. 문장을 읽고 바른 낱말을 찾아 ○표를 해 보세요.

❶ 이 가방은 가볍고 (**편리** / **펼리**)하다.

❷ 어떤 (**무니** / **무늬**)를 고를까?

❸ 오늘은 (**햇빛** / **해빛**)이 너무 눈부시다.

❹ (**옜날** / **옛날**)에 여우가 한 마리 살고 있었습니다.

❺ 신발 끈을 다시 (**묵어라.** / **묶어라.**)

4. 띄어 써야 하는 부분에 ∨표시를 한 뒤 아래 빈칸에 바르게 띄어 쓰세요.

❶ 나는더많이먹을수있다.

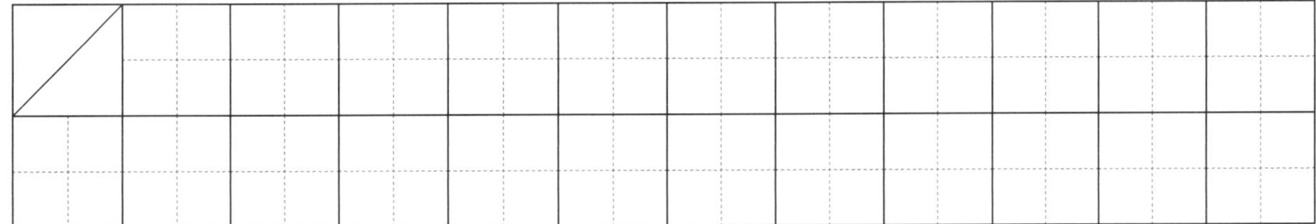

❷ 거짓말쟁이여우에게속을뻔했다.

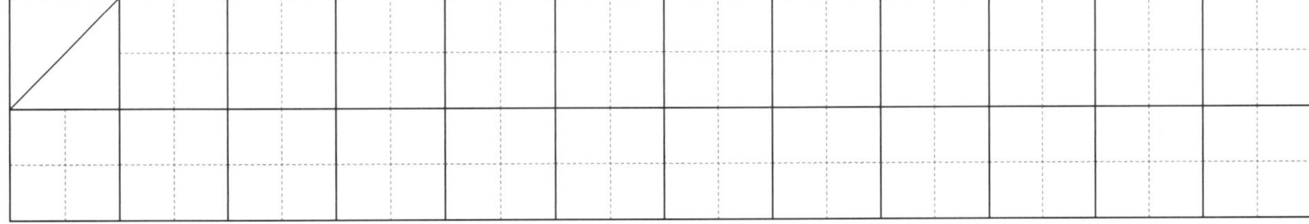

❷ 너무졸려서숙제를못하고잠을잤다.

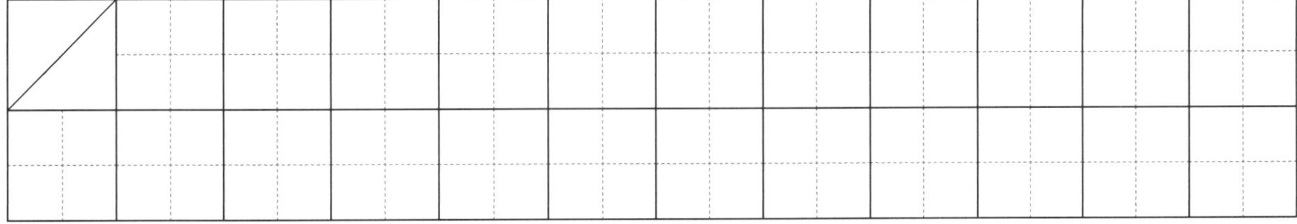

공부한 날짜 /　　　점수　　점 / 100점

총평가 05

1. 알맞은 글자를 찾아 색칠한 뒤 빈칸에 써 보세요.

❶ 영화가 너무 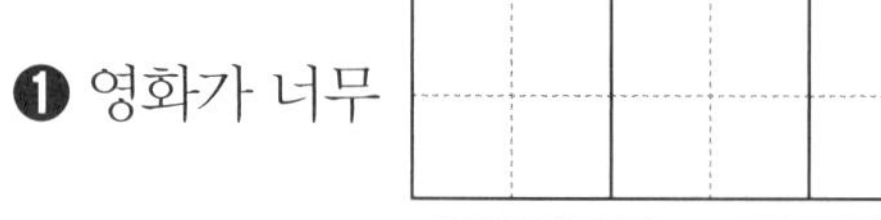 .

무서어 / 무서워

❷ 그러면 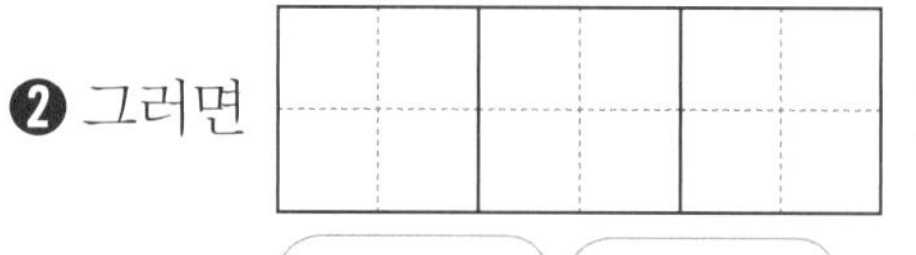 !

안 돼 / 안 되

❸  이 졸졸 흐른다.

시냇물 / 시내물

❹ 그건  책이다.

언니에 / 언니의

❺ 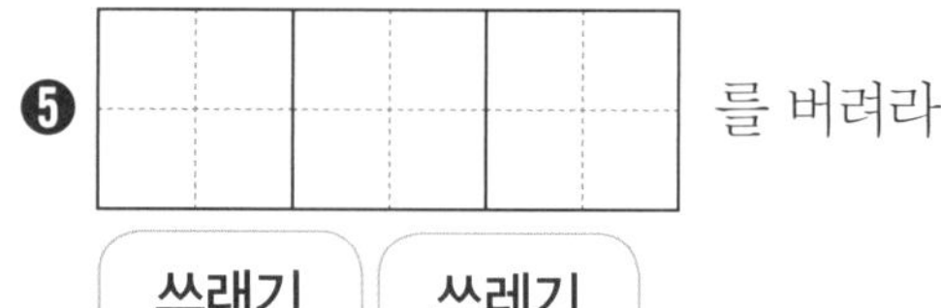 를 버려라.

쓰래기 / 쓰레기

❺ 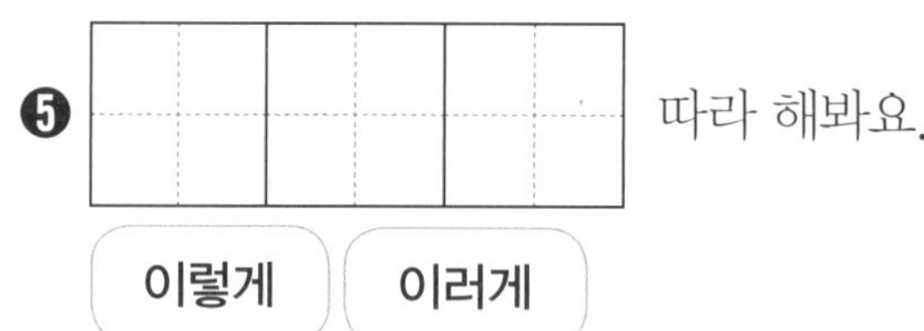 따라 해봐요.

이렇게 / 이러게

2. 잘못된 부분을 찾아 X표를 한 뒤 오른쪽 빈칸에 바르게 고쳐 쓰세요.

❶ 힌색 옷을 입었다. 

❷ 사과를 깍아 먹었다. 

❸ 지우개가 업어서 친구에게 빌렸다. 

❹ 감기가 낳으면 같이 놀러가자. 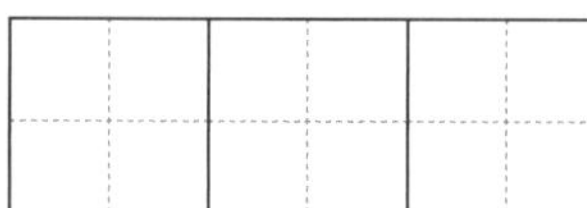

❺ 문제가 쉬어서 백 점을 맞았다. 

3. 다음 보기의 글을 읽고 띄어쓰기를 잘못한 부분을 찾아 ○표를 한 뒤, 아래 빈칸에 바르게 쓰세요.

> **보기** 우리 집 강아지이름은 해피입니다. 이름처럼 항상 행복 하게 웃는 얼굴이에요. 산책하러 갈때는 좋아서 꼬리를 마구 흔들어요. 그리고 내가 공을 던지면 재빨리 물어올수있어요. 해피는 나의 제일 친한 친구 입니다.

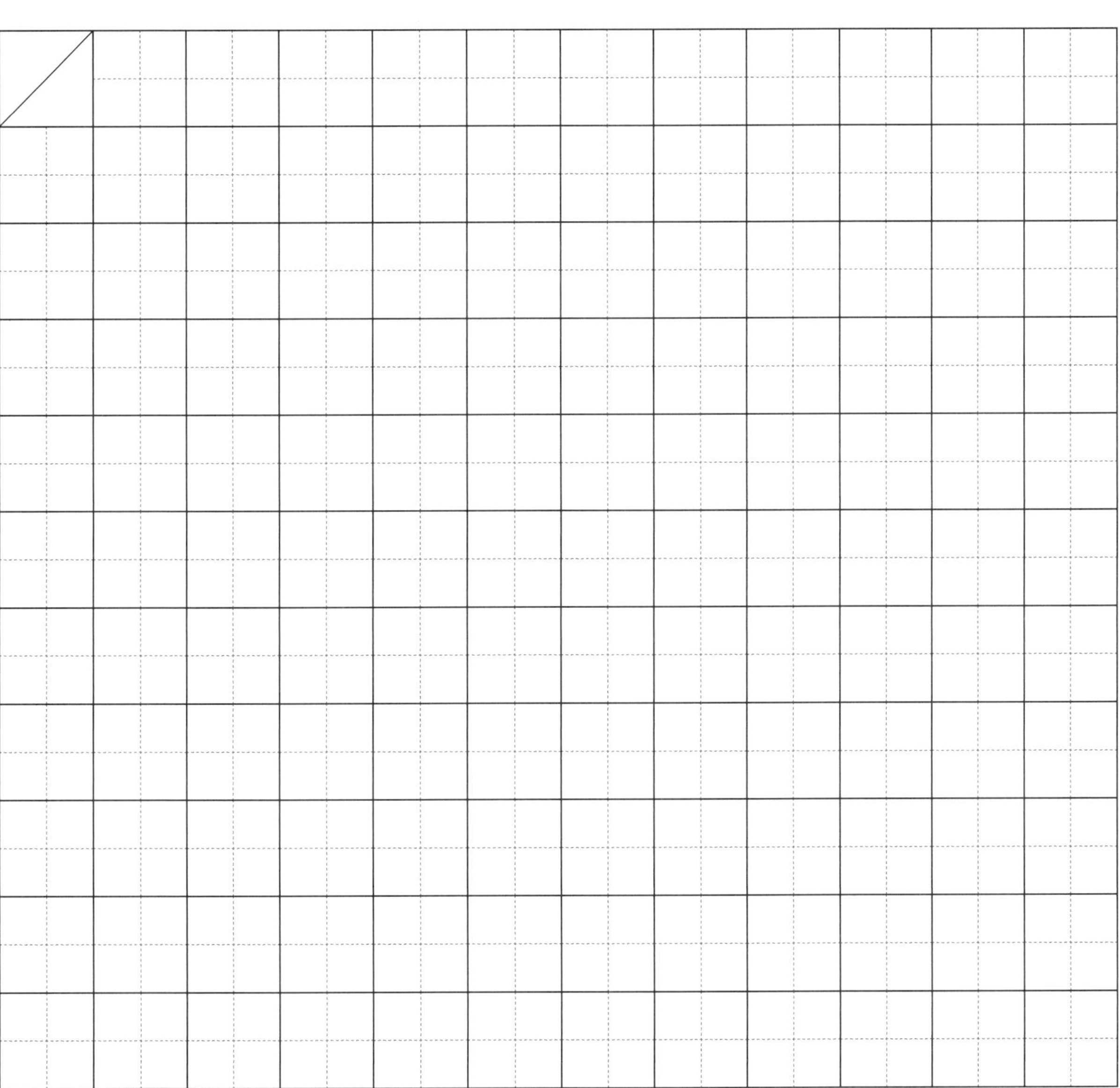

공부한 날짜 / 점수 점 / 100점

총평가 06

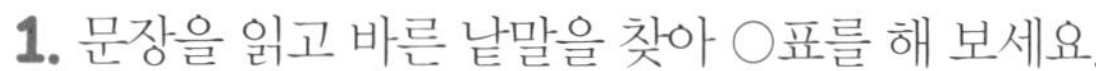

1. 문장을 읽고 바른 낱말을 찾아 ○표를 해 보세요.

❶ 수지가 책을 (다섯권 / 다섯 권) 가져왔다.

❷ 우리 반이 (두 번째 / 두번째) 로 출발한다.

❸ 너에게 (큰상을 / 큰 상을) 주겠다.

❹ 돌에 걸려서 (넘어질 뻔 / 넘어질뻔) 했다.

2. 다음 두 문장을 읽고 자연스럽게 이어주는 말을 보기에서 골라 쓰세요.

보기	그러나	그래서	왜냐하면

❶ 유나는 노래를 잘 부른다. ☐☐☐ 춤은 못 춘다.

❷ 민수는 슬펐다. ☐☐☐☐ 친한 친구가 이사를 갔기 때문이다.

❸ 지수는 늦잠을 잤다. ☐☐☐ 지각했다.

3. 다음 보기의 글을 읽고 잘못 쓴 부분을 찾아 ○표를 한 뒤, 아래 빈칸에 바르게 쓰세요.

> **보기** 학교 친구들과 박물간에 갔다. 선생님께서 차래를 지키고, 조용이 보라고 말씀하셨다. 박물관에는 옛날 사람들이 썼던 물건들을 있었다. 지금이랑 비슷한 물건도 있고, 싱기한 물건도 있었다. 다음과는 가족들과 가보고 싶다.

Part 5
정답 살펴보기

Part 1 기본 익히기

02

013쪽 **1.**

ㄱ •　　• ㅗ •　　•

ㅋ •　　• ㅐ •　　•

014쪽 **2.**

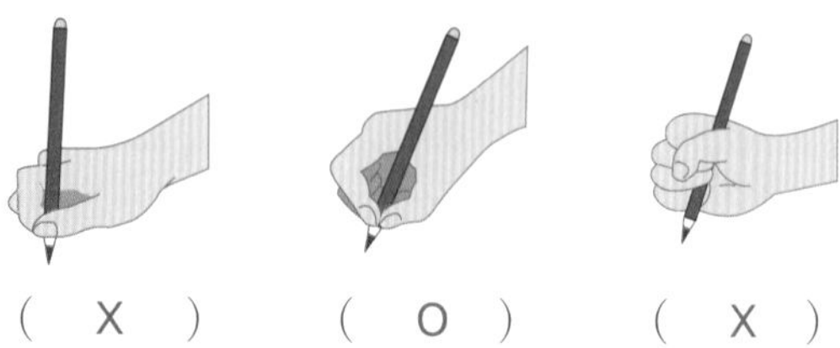

(X)　　(O)　　(X)

3.

❶ 나비　❷ 토끼

03

015쪽

04

018쪽 **1.** 학교　**2.** 병원　**3.** 어린이　**4.** 얼음

Part 2 받아쓰기

01

025쪽 **1.**

놀리터	노리터	**놀이터**
줄넘기	줄넘끼	줄넘키
지운개	지우게	**지우개**
숙제	숙재	숙째

2. ❶

읽	다
	람
	쥐

❷

그	네
림	
책	상

02

027쪽 **1.** 입　**2.** 손　**3.** 콩　**4.** 팔

1. 문　**2.** 빗　**3.** 뱀　**4.** 상장

03

028쪽 **1.** 아이들에게 글자를 •　• 가리키다.

시곗바늘이 3시를 •　• 가르치다.

2. ❶ 가리키다　❷ 가르치다　❸ 가리키다

04

030쪽 **1.** 과 **2.** 웨 **3.** 봐 **4.** 눠

05

033쪽 **1.** 숙제 **2.** 떼 **3.** 함께
4. 그네 **5.** 쓰레기 **6.** 매미
7. 재채기 **8.** 데리고 **9.** 찌개

06

034쪽 **1.** 셀 **2.** 새어 **3.** 세다 **4.** 새도록

07

037쪽 **1.**  집 / 짚 ➡ 집

2.  옷 / 옥 ➡ 옷

3.  빚 / 빗 ➡ 빗

4.  잎 / 입 ➡ 잎

5.  찼다 / 찾다 ➡ 찾다

6.  장난감 / 장남감 ➡ 장난감

08

039쪽 **1.** ① 얘 ② 계산 ③ 얘들아 ④ 계절
⑤ 지혜 ⑥ 얘기 ⑦ 예쁜 ⑧ 차례

2. ❶ 얘기 ❷ 계절 ❸ 차례 ❹ 지혜

040쪽 **1.** 새가 알을 – 낳다
흙터가 모두 – 낫다

2. ❶ 낫다 ❷ 낳았다 ❸ 낫다

10

043쪽 **1.** 쫓아 **2.** 잡아 **3.** 숨어 **4.** 깎아
5. 먹어서 **6.** 놀이터 **7.** 꽃에서
8. 앞에서 **9.** 속으로 **10.** 햇빛을

11

045쪽 **1.** ❶ 열심히 ❷ 조용히 ❸ 급히
❹ 깨끗이 ❺ 곰곰이 ❻ 특히

12

046쪽 **1.** 반드시 / 반듯이 ➡ 반듯이

2. 반드시 / 반듯이 ➡ 반드시

3. 반드시 / 반듯이 ➡ 반드시

4. 반드시 / 반듯이 ➡ 반듯이

13

049쪽 1.

❶ 잇다. / (있다.) ➡ 있다

❷ (뺏겼다.) / 뱃겼다. ➡ 뺏겼다

❸ 쎄게 / (세게) ➡ 세게

❹ (쫓아) / 좇아 ➡ 쫓아

❺ 대는 / (때는) ➡ 때는

❻ 박으로 / (밖으로) ➡ 밖으로

14

051쪽 ❶ 깎 ❷ 깔 ❸ 끔 ❹ 닦
❺ 게 ❻ 꼈 ❼ 깍 ❽ 까
❾ 거 ❿ 게

15

052쪽 1. (잇다.) / 있다. ➡ 잇다.

2. 잇다. / (있다.) ➡ 있다.

3. 잇다. / (있다.) ➡ 있다.

4. (이어) / 있어 ➡ 이어

16

055쪽 1. 우리는 학교에 갔따. ➡ 갔다

2. 햇쌀이 눈부시다. ➡ 햇살

3. 창문을 깨끗이 닦따. ➡ 닦다

4. 새 신을 싣고 뛰었다. ➡ 신고

5. 무지개 물꼬기 ➡ 물고기

6. 꽃따발이 예쁘다. ➡ 꽃다발

7. 기찻낄은 위험해요. ➡ 기찻길

8. 호랑이가 갑짜기 나타났다. ➡ 갑자기

9. 맏있께 간식을 먹었다. ➡ 맛있게

10. 찰흙을 납짝하게 눌렀다. ➡ 납작하게

18

058쪽 1. ❶ 붙이다 ❷ 부치다
2. ❶ 붙이다 ❷ 부치다

19

061쪽 1. ① 많이 ② 몫 ③ 앉아, 핥아
④ 얇은, 읽었다. ⑤ 읊었다.
⑥ 삶아 ⑦ 없어 ⑧ 얹어

2. ❶ 얇은 ❷ 앉아 ❸ 많이 ❹ 없다

20

063쪽

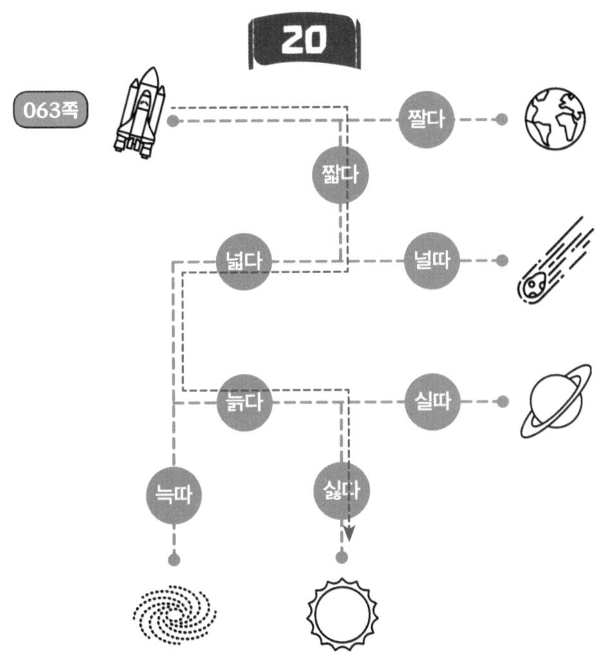

21

064쪽 1. 동생은 피망을 — 안 — 먹어요.

나는 잘못하지 — 않 — 았어요.

22

066쪽 1. 놓지 / 노치 ➡ 놓지

2. 따치 / 땋지 ➡ 땋지

3. 그렇게 / 그러케 ➡ 그렇게

4. 하얗다 / 하야타. ➡ 하얗다.

067쪽 1. 상자를 차곡차곡 싸타. ➡ 쌓다

2. 닭이 알을 나타. ➡ 낳다

3. 머리를 예쁘게 따코 갔다. ➡ 땋고

4. 거기에 가방을 노코 와라. ➡ 놓고

5. 너무 높아 손이 다치 않는다. ➡ 닿지

6. 파라케 하늘을 칠했다. ➡ 파랗게

7. 이러케 하면 되니? ➡ 이렇게

23

069쪽 1.

❶ 월급 / 용돈 ➡ 월급

❷ 확인 / 수확 ➡ 확인

❸ 왕관 / 왕비 ➡ 왕관

❹ 소원 / 시원 ➡ 소원

❺ 병원 / 법원 ➡ 병원

2.

24

070쪽 1. 싸　2. 쌓아　3. 쌌다

25

073쪽 1. ❶ 원래　❷ 난로　❸ 물난리　❹ 별나라
❺ 닫는다　❻ 먹는다　❼ 편리하다

26

075쪽 1. ❶ 무늬　❷ 나의　❸ 주의　❹ 희망
❺ 쉬워요　❻ 바뀌다　❼ 귀마개

27

076쪽 1.

❶ 노란색을 (띤) / 띈 개나리가 예쁘다.

❷ 멀리서도 민지가 눈에 띠었다. / (띄었다.)

2. ❶ 띄어　❷ 띤　❸ 띄다.

28

078쪽 1. 엄마가 콩나물을 무쳤습니다.

❶ 양념을 넣고 골고루 한데 뒤섞었습니다. (O)
❷ 흙 속에 넣어 보이지 않게 덮었습니다. (　)

2. 문이 바람 때문에 저절로 닫히다.

❶ 상처를 입다. (　)
❷ 도로 제자리로 가서 막아 지다. (O)

3. 이것은 나의 몫이다.

❶ 머리와 몸통을 잇는 신체의 일부분 (　)
❷ 여럿으로 나누어 가진 역할 (O)

4. 나는 반드시 1등을 할 것이다.

❶ 기울어지지 않고 바르게 (　)
❷ 틀림없이 꼭 (O)

079쪽 1.

❶ (삶다) / 삼다 ➡ 삶다

❷ 같이 / (가치) ➡ 가치

❸ (읽다) / 익다 ➡ 읽다

❹ (덥다) / 덮다 ➡ 덥다

❺ (짓다) / 짖다 ➡ 짓다

❼ 붙이다 / (부치다) ➡ 부치다

29

081쪽 1. ❶ 외국　❷ 교회　❸ 웬일인지
❹ 왜냐하면　❺ 돼지　❻ 된다

30

082쪽 1.

❶ (갔다.) / 갇다. ➡ 갔다.

2. ❶ 갔다. ❷ 같은

31

085쪽 1. 딸랑딸랑 2. 짹짹 3. 생글생글
4. 또박또박 5. 번쩍 6. 둥실둥실
7. 소곤소곤 8. 개굴개굴, 폴짝
9. 뒤뚱뒤뚱, 꽥꽥

32

086쪽 1. 펄럭펄럭 2. 퐁당퐁당

087쪽 1.

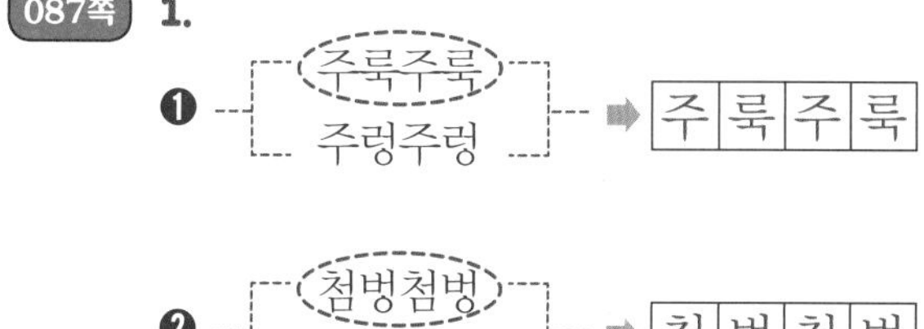

34

090쪽 1. 책가방 2. 눈사람 3. 돌다리 4. 눈물

091쪽

	점	심	시	간	에		운	동	장
에	서		놀	고		있	었	다	.
그	런	데		개	구	쟁	이	인	
승	호	가		축	구	공	을		가
지	고		공	놀	이	를		하	다
가		창	문	을		깨	뜨	려	서
크	게		혼	났	다	.			

35

092쪽 1. 햇빛 2. 빗물 3. 시냇물 4. 나뭇잎

093쪽 1. ❶ 콧등 ❷ 깃털 ❸ 찻잔 ❹ 깻잎
❺ 빗소리 ❻ 바닷가 ❼ 아랫니

36

094쪽 1. ❶ 간판 — 장이, 말썽 — 쟁이
❷ 겁 — 쟁이, 옹기 — 장이
❸ 미 — 장이, 고집 — 쟁이

2. ❶ 떼쟁이 ❷ 미장이

Part 3 띄어쓰기

01

098쪽

띄어쓰기를 해야
글씨를 내 마음대로
쓸 수 있어.

099쪽 **1.**

❶ 나물∨좀∨줘.

❷ 나∨물∨좀∨줘.

❸ 아이가∨아파요.

❹ 아∨이가∨아파요.

2.

❶ 내가∨방을∨청소했다.

❷ 엄마가∨죽을∨끓이신다.

02

101쪽

❶
╱어머니, 제 손을 꼭
잡으세요.

❷
╱너는 여기에 언제 왔
니? 어디서 왔니?

❸
╱이야, 정말 기분이 좋
구나!

❹
╱사과, 배, 바나나, 파인
애플을 모두 샀다.

❺
╱음…… 나도 잘 모르
겠어.

03

103쪽 **1.**

❶
╱"나무꾼 아저씨, 저
 좀 숨겨 주세요!"

❷
╱'대체 어디로 도망갔
 을까?'

2.

❶
╱"정말 고맙습니다."

❷
╱"와, 비가 온다!."

❸

╱	'	어	떻	게		할	까	?	'			

❹

╱	'	어	디	에		갔	을	까	?	'		

04

105쪽 **1.**

❶ ∨, ≚ ❷ ≚, ≚ ❸ ∨, ≚ ❹ ∨, ≚, ≚

2.

옛날에 토끼와 거북이가 살고 있었어요. ≚ 어느 날 토끼는 거북이를 보고 생각했어요. ≚
'거북이는 어쩜 저렇게 느릴까?' ≚
토끼는 거북이를 놀려주고 싶어 말했어요. ≚
"거북아,∨ 우리 달리기 시합하지 않을래?" ≚
거북이가 대답했어요. ≚
"그래,∨ 좋아!" ≚
둘은 언덕 위의 나무까지 누가 먼저 올라가는지를 시합하기로 했어요. ≚
"하나,∨ 둘,∨ 셋,∨ 시작!" ≚
토끼가 먼저 깡충깡충 빠르게 뛰어갔어요. ≚
"영차,∨ 영차!" ≚
거북이도 열심히 뛰었지만,∨ 토끼가 훨씬 빨랐어요. ≚ 중간쯤 와서 토끼는 뒤를 돌아봤어요. ≚ 거북이는 한참 뒤에서 천천히 올라오고 있었어요. ≚
'거북이가 오려면 한참 남았네. ≚ 잠깐 자도 괜찮겠지?' ≚
토끼는 풀밭에서 잠시 낮잠을 잤어요. ≚ 그 사이 거북이는 열심히 올라와서 토끼를 지나쳐 갔어요. ≚
"만세,∨ 내가 이겼다!" ≚
토끼는 깜짝 놀라 깨어났지만,∨ 이미 거북이가 이긴 뒤였답니다. ≚

106쪽 **1.**

현우와 민우는 같이 장난감을 가지고 놀고 있었어요 [.] 민우가 먼저 현우에게 말했어요.
[“]형, 우리 장난감 기차 가지고 놀자![”] 그러자 현우도 큰 소리로 대답했어요.
“그래, 좋아[!]”
한참 동안 사이좋게 놀다가 현우가 실수로 기차를 세게 잡아당겼어요[.] 그러자 그만 기차의 연결 고리가 끊어지고 말았어요. “앗[!]” 현우는 깜짝 놀라 소리쳤어요. 민우는 화가 나서 소리쳤어요.
[“] 기차를 망가뜨리면 어떻게 해![”] 그리고 엉엉 큰 소리로 울었어요. 현우는 미안해서 [‘] 어쩌면 좋지?[’] 하고 마음속으로 생각했어요.
그때, 어머니께서 방에 들어오셔서 “대체 무슨 일이니[?]”라고 물어보셨어요. 현우가 대답했어요.
“엄마[,] 제가 잘못해서 기차가 망가지고 말았어요.”
그러자 어머니가 기차를 고쳐주셨어요.
[“] 자 이제 괜찮지?[”] 민우는 기뻐서 울음을 그치고 웃었어요[.] 그리고 형에게 사과했어요.
“형[,] 아까 화내서 미안해.” 현우가 대답했어요.
[“] 괜찮아, 나도 기차를 망가뜨려서 미안해. 우리 이제 다시 사이좋게 놀자.[”]
둘은 다시 사이좋게 기차를 가지고 놀았어요.

107쪽 2.

❶

╱	“	아	!		이	가		너	무		아
╱	파	요	.”								

❷

╱	토	끼	,	고	양	이	,	닭	이		있
다	.										

❸

╱	‘	어	?		별	로		어	렵	지	
╱	않	네	?’								

❹

╱	“	지	수	야	,	저	기		다	람	쥐
╱	가		있	어	.”						

❺

╱	“	어	흥	,	너	를		잡	아	먹	어
╱	야	겠	다	!	”						

05

108쪽 **1.** 이 **2.** 가 **3.** 이 **4.** 가

109쪽 **1.**

❷ 토끼가 ❸ 고양이가 ❹ 참새가
❺ 닭이 ❻ 곰이

2.

❶ 아기가 웃어요.

╱	아	기	가		웃	어	요	.				

❷ 토끼가 풀을 먹어요.

╱	토	끼	가		풀	을		먹	어	요	.	

06

110쪽 **1.**

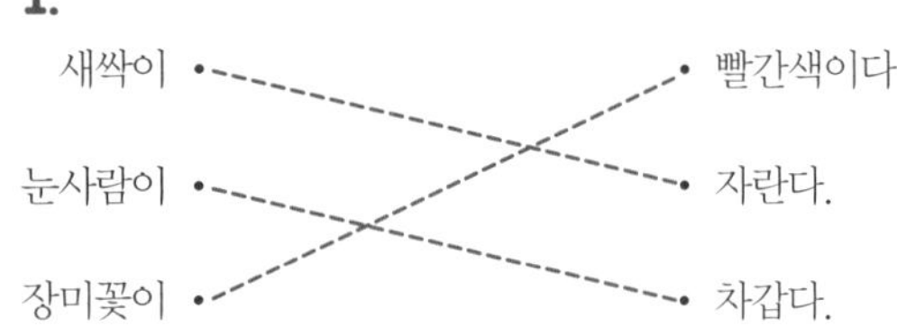

2.

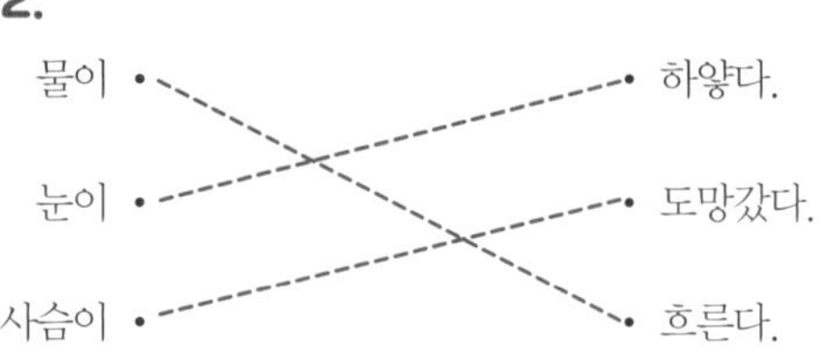

111쪽 **1.** ❶ 작다. ❷ 피었다. ❸ 날아갑니다.

2.

❶ 애벌레가 작다.

╱	애	벌	레	가		작	다	.				

❷ 해바라기가 피었다.

╱	해	바	라	기	가		피	었	다	.		

❸ 까마귀가 날아갑니다.

╱	까	마	귀	가		날	아	갑	니	다	.	

3. ❶ 서 있다. ❷ 운다. ❸ 뛴다.

07

112쪽 **1.** ❶ 를 ❷ 을 ❸ 를 ❹ 을

2.

민지가 밥을 • • 입는다.
민지가 옷을 • • 먹는다.

113쪽 **1.** ❶, ❸, ❷

2.

❶ 현수가 필통을 떨어뜨렸다.

／	현	수	가		필	통	을		떨	어	뜨
렸	다	.									

❷ 내가 바람개비를 만들었다.

／	내	가		바	람	개	비	를		만	들
었	다	.									

08

114쪽 **1.** 재훈이가 피아노를 칩니다.
2. 수연이가 모자를 썼습니다.
3. 오리가 물놀이를 합니다.

115쪽 **1.** ❶, ❸

2.

동수가 — 빵을, 신발을, 전화를

빵을 — 먹습니다.
신발을 — 신습니다.
전화를 — 받습니다.

3.
❶동수가 빵을 먹습니다.
❷동수가 신발을 신습니다.
❸동수가 전화를 받습니다.

116쪽 **1.**
① 호랑이가 ② 아이는
③ 어머니가 ④ 곶감이 ⑤ 나를

2.
어슬렁어슬렁, 으앙!, 깜짝, 으앙, 으아앙! 뚝, 어흥, 덜컥, 부랴부랴

117쪽 **3.**
❶ 별이∨빛납니다.
❷ 참새가∨노래합니다.
❸ 노을이∨예쁘구나!
❹ 내가∨바람개비를∨만들었어요.
❺ 정희가∨노래를∨부르나요?
❻ 동수가∨신발을∨신습니다.

09

118쪽

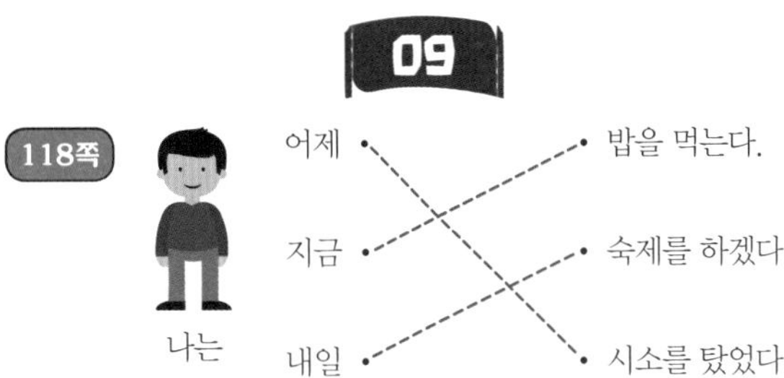

119쪽 **1.** ❶공부하겠다. ❷먹는다. ❸갔었다.

2.

과거		현재		미래
그렸다.	⇦	그린다.	⇨	그리겠다.
만들었다.	⇦	만들다.	⇨	만들겠다.
읽었다.	⇦	읽는다.	⇨	읽겠다.
공부했다.	⇦	공부한다.	⇨	공부하겠다.

3.

❶ 나는 지금 편지를 ~~썼다~~.

／	나	는		지	금		편	지	를		쓴
다	.										

❷ 나는 어제 공부를 ~~하겠다~~.

／	나	는		어	제		공	부	를		했
다	.										

10

121쪽 **1.** ❸, ❶, ❷

2.

❶ 내 동생은 지금 네 살이에요.

/	내		동	생	은		지	금		네	
살	이	에	요	.							

❷ 엄마가 책 열 권을 사오셨다.

/	엄	마	가		책		열		권	을	
사	오	셨	다	.							

11

122쪽 **1.** 다섯째 **2.** 첫∨번째 **3.** 한∨번

12

125쪽 **1.**

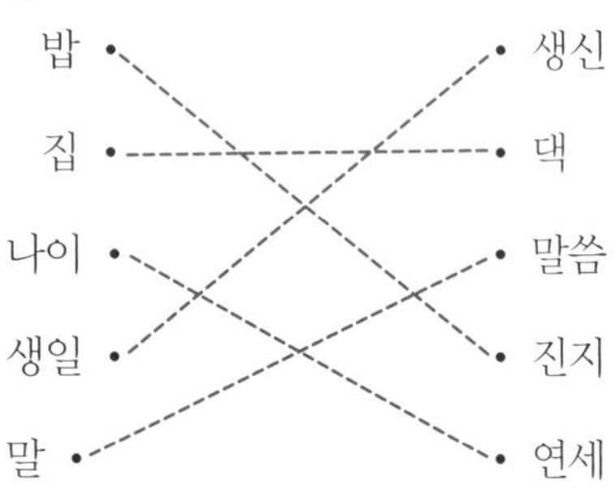

2. ❶말씀을 ❷주셨다. ❸오세요. ❹드려라.
❺계십니다.

3.

❶ 선생님께 정답을 여쭈어보았다.

/	선	생	님	께		정	답	을		여	쭈
어	보	았	다	.							

❷ 할머니 생신이라서 제가 선물을 드렸어요.

/	할	머	니		생	신	이	라	서		제
가		선	물	을		드	렸	어	요	.	

126쪽 **1.** ❶다섯 냥 ❷알겠습니다.
❸일곱 살 ❹저한테

127쪽 **2.**

❶

/	나	는		내	년	에		여	덟		살
이		될		것	이	다	.				

❷

/	수	미	가		첫		번	째	로		줄
을		섰	다	.							

❸

/	도	서	관	에		가	려	면		버	스
를		한		번		타	야		한	다	.

❹

/	어	머	니	께	서		양	말		두	
켤	레	를		사	오	셨	다	.			

❺

/	내	일	은		할	아	버	지	께		생
신		선	물	을		드	려	야	겠	다	.

13

128쪽 **1.** 빨리 **2.** 무섭게 **3.** 맛있게 **4.** 재미있게

129쪽 **1.** ❶즐겁게 ❷깨끗이 ❸열심히 ❹슬프게

2.

❶

아이들이 신나게 춤을
추어요.

❷

우리는 즐겁게 줄넘기
를 했습니다.

14

130쪽 **1.** 못 **2.** 안 **3.** 못

131쪽 **1.** ❶, ❸, ❷

2.

❶ 친구를 놀리거나 때리면 안 돼요.

친구를 놀리거나 때리
면 안 돼요.

❷ 색연필이 없어서 색칠을 못 했어요.

색연필이 없어서 색칠
을 못 했어요.

15

132쪽 **1.** 생글생글 **2.** 데굴데굴 **3.** 꽥꽥꽥 **4.** 깡충깡충

133쪽 **1.**

❶ 어흥 ❷ 첨벙첨벙 ❸ 뽀송뽀송 ❹ 주르륵

2.

❶

아기가 새근새근 낮잠
을 잡니다.

❷

하늘에서 천둥이 우르
릉 쾅쾅 칩니다.

16

134쪽 **1.** 토끼가∨깡충깡충∨뛰어∨산으로∨도망갔어요.

2. 아기∨오리가∨첨벙첨벙∨물장구를∨칩니다.

135쪽 **1.** ❷, ❷

136쪽 **1.**

① 첨벙첨벙 ② 개굴개굴 ③ 시끄럽게
④ 안 ⑤ 곰곰이 ⑥ 너무

137쪽 **2.**

❶

연필을 바르게 잡고서
글씨를 써요.

❷

친구를 바라보며 자신
있게 말해요.

❸

청개구리가 개굴개굴
큰 소리로 울어요.

❹

울긋불긋 단풍잎이 살
랑살랑 떨어져요.

❺

강아지가 살래살래 꼬
리를 흔들어요.

17

138쪽 **1.** 맛있는 **2.** 착한 **3.** 새 **4.** 어머니의

139쪽 **1.**

❶ 

➡ 성희가 노란 풍선을 들고 있다.

❷ 

➡ 모든 장난감은 나의 것이에요!

❸ 

➡ 영빈이가 새 신발을 신었다.

2.

❶ 놀이동산에는 재미있는 놀이기구가 많다.

❷ 착한 나무꾼은 큰 상을 받았습니다.

18

140쪽 **1.** 는 **2.** 의 **3.** 에게 **4.** 도 **5.** 에

141쪽 **1.**

❶ 개미는 ❷ 친구와
❸ 동생에게 ❹ 저녁에

19

142쪽 **1.**

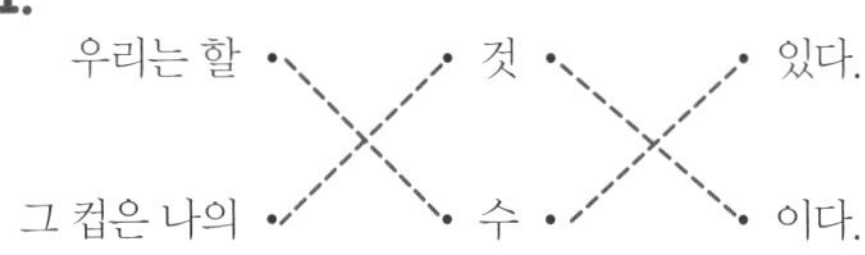

2.

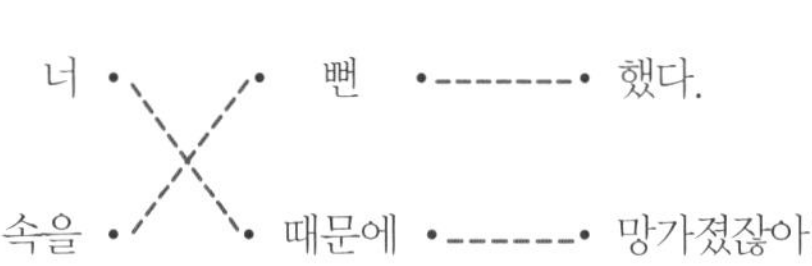

143쪽 **1.** ❸, ❶, ❷

2.

❶ 그런줄도 모르고 화낼뻔했구나.

❷ 먹을수있는 만큼만 먹으렴.

20

144쪽 **1.** 그래서 **2.** 그리고 **3.** 그러나
4. 그래서

145쪽 **1.**

❶ 그러나 ❷ 그래서 ❸ 그리고
❹ 그래서 ❺ 그리고 ❻ 그러나
❼ 그래서

2.

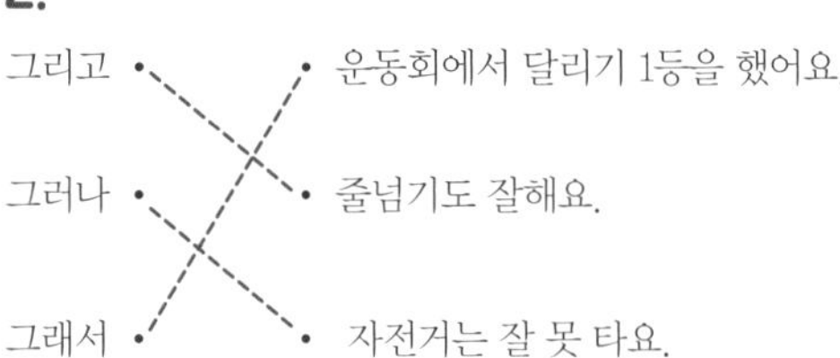

146쪽 **2.**

① 훈장님을 ② 첫 번째
③ 어쩔 수 없지 ④ 속을 줄 알았니?
⑤ 할 수 있어요. ⑥ 하는 것이냐?

Part 4 정리하기

01

152쪽

1. 계단
2. 색깔
3. 그네
4. 편리
5. 옛날
6. 햇빛
7. 장난감
8. 똑같이
9. 연필깎이
10. 예쁘다

02

153쪽

1. 산길
2. 공룡
3. 흰색
4. 나뭇잎
5. 돌멩이
6. 떡볶이
7. 꽃무늬
8. 가만히
9. 왜냐하면
10. 띄어쓰기

03

154쪽

1. 차례
2. 많이
3. 닦고
4. 숨어
5. 너무
6. 갔다.
7. 낫다.
8. 앉다.
9. 찾았다.
10. 화났어!

04

155쪽

1. 베게
2. 같이
3. 헤엄
4. 계절
5. 파랗게
6. 할게요.
7. 싫어요.
8. 밟았다.
9. 붙이다.
10. 가르쳤다.

05

156쪽

1. ~~꼬치~~ 피었다. ➡ 꽃이
2. ~~글씨~~를 틀렸다. ➡ 글자
3. 과학자가 ~~돼고~~ 싶어요. ➡ 되고
4. 엄마가 ~~짜게~~를 끓이셨다. ➡ 찌개
5. ~~그러케~~ 하면 안 된다. ➡ 그렇게
6. 과자를 먹고 ~~십다~~. ➡ 싶다.
7. 애들아, ~~안영~~? ➡ 안녕?
8. 책을 ~~일겄다~~. ➡ 읽었다.
9. 문이 ~~다쳤다~~. ➡ 닫혔다.
10. 정말 ~~고마어~~. ➡ 고마워.

06

157쪽 1. 그러면 않 된다. ➡ 안

2. 그것은 나에 책이다. ➡ 나의

3. 가이로 종이를 잘랐다. ➡ 가위

4. 새가 노피 날아간다. ➡ 높이

5. 도둑을 쫏아 갔다. ➡ 쫓아

6. 문제가 너무 십다. ➡ 쉽다.

7. 나는 힘이 새다. ➡ 세다.

8. 자려고 불을 껏다. ➡ 껐다.

9. 개가 짓는다. ➡ 짖는다.

10. 지해로운 임금님 ➡ 지혜로운

07

158쪽 1.

╱	나	는		어	제		숙	제	를		열
심	히		했	다	.						

2.

╱	수	박	밭	에		수	박	이		주	룩
주	룩		비	를		맞	고		있	다	.

3.

╱	“	지	수	야	,	안	녕	?		방	학
	동	안		잘		지	냈	니	?	”	

4.

╱	“	누	나	,	한		번	만		내	가
	산	책	시	키	면		안		돼	?	
	제	발		부	탁	이	야	.”			

08

159쪽 1.

╱	은	하	가		편	지	를		쓴	다	.

2.

╱	우	리	는		어	제		공	원	에	서
만	났	었	다	.							

3.

╱	하	은	이	는		연	필		다	섯	
자	루	를		샀	다	.					

4.

╱	나	는		어	려	운		문	제	도	
풀		수		있	어	요	.				

09

160쪽 1. 나도 할수있어.

╱	나	도		할		수		있	어	.	

2. 나의 동생은 지금 다섯살입니다.

╱	나	의		동	생	은		지	금		다
섯		살	입	니	다	.					

3. 할아버지께서 멋진선물을 주셨습니다.

╱	할	아	버	지	께	서		멋	진		선
물	을		주	셨	습	니	다	.			

4. 민수가 첫번째로 노래를 불렀다.

╱	민	수	가		첫		번	째	로		노
래	를		불	렀	다	.					

5. 갑자기 어두워져서 촛 불을 켰다.

╱	갑	자	기		어	두	워	져	서		촛
불	을		켰	다	.						

10

161쪽 **1.** 민수야,∨어디∨가니?

/	민	수	야	,	어	디		가	니	?	

2. 어머니께서∨새∨옷을∨사주셨습니다.

/	어	머	니	께	서		새		옷	을	
사	주	셨	습	니	다	.					

3. 첫째,∨친구들과∨사이좋게∨지내요.

/	첫	째	,	친	구	들	과		사	이	좋
게		지	내	요	.						

4. 개구리들이∨개굴개굴∨합창을∨합니다.

/	개	구	리	들	이		개	굴	개	굴	
합	창	을		합	니	다	.				

5. 남의∨물건을∨함부로∨만지면∨안∨된다.

/	남	의		물	건	을		함	부	로	
만	지	면		안		된	다	.			

11

162쪽 **1.** 넘어질∨뻔했어.

/	넘	어	질		뻔	했	어	.			

2. 노란∨해바라기를∨다섯∨송이∨샀습니다.

/	노	란		해	바	라	기	를		다	섯
송	이		샀	습	니	다	.				

3. 둘째∨언니는∨나보다∨한∨살∨더∨많다.

/	둘	째		언	니	는		나	보	다	
한		살		더		많	다	.			

4. "할아버지,∨생신∨축하드려요."

/	"	할	아	버	지	,	생	신		축	하
	드	려	요	."							

5. '음……∨연필을∨어디에∨두었더라?'

/	'	음	…	…		연	필	을		어	디
	에		두	었	더	라	?	'			

12

163쪽

/	어	제	부	터		감	기	에		걸	려
서		기	침	이		자	주		나	고	
열	도		높	았	습	니	다	.	그	래	서
병	원	에		갔	습	니	다	.	의	사	
선	생	님	께	서		친	절	하	게		진
찰	해		주	셨	습	니	다	.	그	리	고
주	사	도		맞	았	습	니	다	.	약	이
너	무		썼	습	니	다	.	빨	리		나
아	서		밖	에	서		놀	고		싶	습
니	다	.									

- 총평가 -

01

164쪽 **1.** ❶ ㉡ ❷ ㉢ ❸ ㉠

2. ❶ 나눠 ❷ 장롱 ❸ 나뭇잎 ❹ 안 된다.

165쪽 **3.** ❶ 말썽쟁이 ❷ 어제 ❸ 낫다.

4.

❶

/	성	희	는		노	래	를		잘		부
른	다	.									

❷

/	감	기	에		걸	려	서		학	교	를
못		간	다	.							

02

166쪽 **1.**

❶ 의자에 ~~안자~~ 책을 읽었다. ➡ 앉아

❷ 나뭇가지를 ~~꺽어~~ 지팡이로 만들었다. ➡ 꺾어

❸ 같이 놀러 ~~갔스면~~ 좋겠다. ➡ 갔으면

❹ 귀여운 강아지 ~~네마리~~ ➡ 네 마리

❺ ~~학교애서~~ 무엇을 했니? ➡ 학교에서

2.

❶ 새로 산 장남감으로 병원 놀이를 했다.

╱	새	로		산		장	난	감	으	로	
병	원		놀	이	를		했	다	.		

❶ 꽃밭에는 튤립이 열 송이 피어있다.

╱	꽃	밭	에	는		튤	립	이		열	
송	이		피	어	있	다	.				

167쪽 **3.**

❶ 안 ❷ 깡충깡충 ❸ 생선을
❹ 신는다. ❺ 생신

4.

❶ 동물들은∨모두∨쿨쿨∨잠을∨잡니다.

╱	동	물	들	은		모	두		쿨	쿨	
잠	을		잡	니	다	.					

❷ 반듯한∨자세로∨앉아서∨책을∨읽어요.

╱	반	듯	한		자	세	로		앉	아	서
책	을		읽	어	요	.					

❸ "엄마,∨내가∨백점을∨받았어요!"

╱	"	엄	마	,	내	가		백	점	을	
	받	았	어	요	!	"					

03

168쪽 **1.** ❶ ㉠ ❷ ㉢ ❸ ㉡

2.

❶ 우리 갔이 가자. ➡ 같이

❷ 나는 겁장이가 아니야. ➡ 겁쟁이

❸ 내 사탕을 줄께. ➡ 줄게.

❹ 거북이의 걸음이 늘이다. ➡ 느리다.

169쪽 **3.** ❶ 띄어 ❷ 가리켰다. ❸ 가만히 ❹ 삶다

4.

❶

╱	엄	마	가		맛	있	는		김	치	찌
개	를		끓	여	주	셨	다	.			

❷

╱	나	는		우	리		엄	마	의		얼
굴	을		그	렸	다	.					

❸

╱	비	가		그	쳤	다	.	그	리	고	
예	쁜		무	지	개	가		떴	다	.	

04

170쪽 **1.**

❶ 삐뚤빼뚤 써진 ~~글시~~ ➡ 글씨

❷ 손을 ~~씼고~~ 와서 밥을 먹어라. ➡ 씻고

❸ ~~짤븐~~ 연필과 긴 연필이 있다. ➡ 짧은

❹ 간식이 ~~업써서~~ 슬펐다. ➡ 없어서

❺ 외냐하면 재미있기 때문이야. ➡ 왜냐하면

2.

❶ 은하는 열씨미 달려서 일 등을 했다.

╱	은	하	는		열	심	히		달	려	서
일		등	을		했	다	.				

❶ 열 시가 돼서 가개가 문을 닫았다.

╱	열		시	가		돼	서		가	게	가
문	을		닫	았	다	.					

171쪽 3. ❶ 편리 ❷ 무늬 ❸ 햇빛 ❹ 옛날
❺ 묶어라.

4.

❶ 나는∨더∨많이∨먹을∨수∨있다.

╱	나	는		더		많	이		먹	을	
수		있	다	.							

❷ 거짓말쟁이∨여우에게∨속을∨뻔했다.

╱	거	짓	말	쟁	이		여	우	에	게	
속	을		뻔	했	다	.					

❸ 너무∨졸려서∨숙제를∨못∨하고∨잠을∨잤다.

╱	너	무		졸	려	서		숙	제	를	
못		하	고		잠	을		잤	다	.	

05

172쪽 1.

❶ 무서워 ❷ 안 돼 ❸ 시냇물 ❹ 언니의
❺ 쓰레기 ❻ 이렇게

2.

❶ 힌색 옷을 입었다. ➡ 흰색

❷ 사과를 깍아 먹었다. ➡ 깎아

❸ 지우개가 업어서 친구에게 빌렸다. ➡ 없어서

❹ 감기가 낳으면 같이 놀러가자. ➡ 나으면

❺ 문제가 쉬어서 백 점을 맞았다. ➡ 쉬워서

173쪽 3.

보기

우리 집 강아지이름은 해피입니다. 이름처럼 항상 행복 하게 웃는 얼굴이에요. 산책하러 갈때는 좋아서 꼬리를 마구 흔들어요. 그리고 내가 공을 던지면 재빨리 물어올수있어요. 해피는 나의 제일 친한 친구 입니다.

╱	우	리		집		강	아	지		이	름
은		해	피	입	니	다	.	이	름	처	럼
항	상		행	복	하	게		웃	는		얼
굴	이	에	요	.	산	책	하	러		갈	
때	는		좋	아	서		꼬	리	를		마
구		흔	들	어	요	.	그	리	고		내
가		공	을		던	지	면		재	빨	리
물	어	올		수		있	어	요	.	해	피
는		나	의		제	일		친	한		친
구	입	니	다	.							

06

174쪽 1.

❶ 다섯 권 ❷ 두 번째 ❸ 큰 상을
❹ 넘어질 뻔

2.

❶ 그러나 ❷ 왜냐하면 ❸ 그래서

175쪽 **3.**

보기

학교 친구들과 박물간에 갔다. 선생님께서 차래를 지키고, 조용이 보라고 말씀하셨다. 박물관에는 옜날 사람들이 썼던 물건들을 있었다. 지금이랑 비슷한 물건도 있고, 싱기한 물건도 있었다. 다음과는 가족들과 가보고 싶다.

	학	교		친	구	들	과		박	물	관
에		갔	다	.	선	생	님	께	서		차
례	를		지	키	고	,	조	용	히		보
라	고		말	씀	하	셨	다	.	박	물	관
에	는		옛	날		사	람	들	이		썼
던		물	건	들	이		있	었	다	.	지
금	이	랑		비	슷	한		물	건	도	
있	고	,	신	기	한		물	건	도		있
었	다	.	다	음	에	는		가	족	들	과
가	보	고		싶	다	.